读客®文化

会計の世界史 イタリア、イギリス、アメリカ——500年の物語

像读悬疑小说一样读懂会计学

两小时搞懂会计学原理和资本游戏法则

[日]田中靖浩 著
马佳真 译

海南出版社
·海口·

图字：30-2020-065号

图书在版编目（CIP）数据

像读悬疑小说一样读懂会计学 / (日) 田中靖浩著；马佳真译. -- 海口：海南出版社, 2020.9（2021.11重印）
ISBN 978-7-5443-9367-6
Ⅰ.①像… Ⅱ.①田… ②马… Ⅲ.①会计学—经济史—世界—通俗读物 Ⅳ.①F230-091
中国版本图书馆CIP数据核字(2020)第123904号

像读悬疑小说一样读懂会计学

XIANG DU XUANYI XIAOSHUO YIYANG DUDONG KUAIJIXUE

作　　者　田中靖浩
译　　者　马佳真
责任编辑　陈　波
执行编辑　徐雁晖
封面设计　读客文化　021-33608311
印刷装订　三河市龙大印装有限公司
策　　划　读客文化
版　　权　读客文化
出版发行　海南出版社
地　　址　海口市金盘开发区建设三横路2号
邮　　编　570216
编辑电话　0898-66816563
网　　址　http://www.hncbs.cn
开　　本　890毫米×1270毫米　1/32
印　　张　10
字　　数　206千
版　　次　2020年9月第1版
印　　次　2021年11月第2次印刷
书　　号　ISBN 978-7-5443-9367-6
定　　价　58.00元

如有印刷、装订质量问题，请致电010-87681002（免费更换，邮寄到付）

写在旅行之前

欢迎来到“会计历史之旅”。

感谢您参加此次会计历史之旅。

首先，向您介绍一下本次旅行的特征。

您将与本书一同进行的“会计历史之旅”有以下两个特点：

· 会计的历史将以故事的形式展现。

· 全面介绍簿记、会计与金融。

会计学习大多以“烦琐的计算或术语、手续”为中心展开，基本上没有人带着历史观点来学习。

学习簿记的人，大多数都不知道簿记发祥自意大利；会计工作者不知道折旧起始于铁路公司。连注册会计师和注册税务师中的许多人都很可能不知道，财务信息公开的起源和“J. F. K之父”有关。

本书旨在“能够愉快地一起学习会计的来龙去脉”。历史之中隐藏着意外的知识。我想，探访财务报表、国际会计标准、预算和企业价值诞生的时代，能够开阔您对会计的视野。

对除了会计工作者以外的商务人士，特别是经营者来说，学习烦琐的计算方法并不是必需的，更重要的是理解“其规则和存在的意义”。从历史的角度来学习一定会对这一理解有所帮助。

迄今为止，我在许多商业学院和企业培训班中担任会计讲师。虽然要“全局性地、愉快地”学习会计是一件非常难的事，但是运用“历史”的视角来授课就有非常好的效果，听课的人会非常感兴趣。本书正是以这样的经验为基础。“带着好奇心来理解会计”，如果能让大家有这样的体验，我会非常高兴。

本书中，一概不会出现复杂的数字和计算。与其说要让大家学习会计，不如说是为大家提供一种娱乐，请尽情享受本次旅行吧！

本书的故事将由欧洲向美国推进。好了，让我们开始此次旅行吧！

田中靖浩

本书的构成

本书以如下顺序登场，“第一部分：从意大利到荷兰”“第二部分：从英国到美国”“第三部分：美国”。

第一部分登场的“三幅画”是绘于中世纪意大利的《帝沃力：托比亚斯和天使》与《最后的晚餐》，还有绘于近代荷兰的《夜巡》。它们诞生的时代出现了账本和公司，会计就此诞生。

第二部分登场的“三项发明”是英国的“蒸汽机车”和“蒸汽船”，还有诞生于德国的“汽车”。在这些交通工具出现的时代，资金筹措已经大规模化，计算和报告书的构成有了改变。

第三部分登场的“三首名曲”是《迪克西》《圣徒进场的时刻》《昨日》。在非实体的服务和歌曲能够赚钱的时代，新领域管理会计和金融诞生了。

敬请期待本书向您展示这些熟识的名画、习以为常的交通工具和名曲是怎样与“会计的历史”相关联的吧。

目 录

第二部分｜财务会计的历史

第三部分丨管理会计和金融

第一部分

簿记和公司的诞生

第1章

15世纪意大利　银行变革

“真的，真的有了吗？”

男人看到她点了点头的样子，深深叹了口气。

“怎么会……”

他虽然抱着头，但心里已有了残酷的结论。

是担起作为男人、父亲的责任，还是选择出人头地之路呢？最终，男人抛弃了腹中孕育了小生命的女人，选择了出人头地之路。

故事从这个无情的男人说起。

01 《帝沃力：托比亚斯和天使》的订单纷至沓来的理由

抛弃怀孕女性的无情男人

这个男人名叫塞尔·皮耶罗·达·芬奇。

“塞尔”在英文中相当于“sir”，习惯用于称呼公证人或法律人士。这个名字的意思就是“住在芬奇村里的公证人皮耶罗”。

皮耶罗和村里一名女子陷入一段短暂的恋爱，当时他已经有了婚约。

未婚妻是在整个佛罗伦萨都很有名的公证人家的年轻女孩。如果他能结成这桩婚，那他作为公证人而出人头地的日子指日可待。野心家皮耶罗没能抵抗住这份诱惑。

春风吹拂的时节，与皮耶罗恋爱的那名女子悄悄地生下了一个男孩。

男孩名叫“莱奥纳多”。

村民们纷纷前来祝贺，莱奥纳多的祖父安东尼奥拿出了自家制作的葡萄酒招待大家。达·芬奇一族世世代代将公证人作为毕生事业，一心想要出人头地，可安东尼奥不愿意将公证人作为自己的职业，而是选择了乡间生活。

他受不了儿子皮耶罗那无情的样子，就一直照看着可怜的长孙和孩子的妈妈。

看上去无情的父亲皮耶罗虽然选择了政治婚姻，但对自己的长子非常在意。他把莱奥纳多叫到了佛罗伦萨。

于是，少年莱奥纳多向故乡芬奇村和母亲告别，前往大城市佛罗伦萨。从此以后，他的人生开始了翻天覆地的变化。

这个故事发生在500多年前的15世纪后半叶。

没能成为公证人的莱奥纳多，成了韦罗基奥的弟子

从皮耶罗被赋予的尊称“塞尔”就能得知，他的职业——公证人（Notarius）是一种身份高贵的职业。公证人，就是为家族财产继承等协议，或为买卖上的约定留下“记录”，以给予承诺和保障的职业。无论何种约定，口头约定都是纠纷的源头。当时的习惯是，所有的约定和合同都要以文书形式记录下来，以防止纠纷发生。

但是，人们想要留下“记录”并没有这么简单。

因为要得到“纸”并不容易。

中世纪时，留下记录是一件很难的事。因为证书、合同、账本……所有的记录都需要用到的“纸”非常贵，平民很难弄到。

雪上加霜的是，人们的能力也不能满足需求。当时，别说复杂的计算了，连会四则运算的人也少之又少。因此，人们都要依靠公证人一边给他们建议，一边做记录——放在现代的

话，公证人的职责相当于会计师加上律师的职责总和。他们的社会地位非常之高，公证人也是孩子们向往的职业。

我们这位公证人皮耶罗的工作地，就位于聚集了大量纸品商店的街角。选在这儿工作，是因为在这儿买纸很方便。

莱奥纳多·达·芬奇为了做笔记需要大量的“纸”，后来大家也都知道，他是个“笔记狂魔”。这一点上，他应该为父亲是个公证人而感到庆幸。少年莱奥纳多可以自由地使用父亲工作场所里的纸。也许莱奥纳多成为笔记狂魔，也是受到达·芬奇家族代代传承的“所有东西都要留下记录”的公证人特质影响吧。

在整个佛罗伦萨都数一数二的公证人皮耶罗，是否也被自己的儿子莱奥纳多崇拜着呢？在莱奥纳多年轻时期的一幅素描里，就留下了“公证人风格”的曲线形装饰文字。

可惜的是，莱奥纳多并没能成为一名公证人。这是因为私生子继承这份工作的权利并不被世人认可。当时，父亲皮耶罗对此也多有思虑。

有一天，皮耶罗拿着儿子画的几张素描，拜访了雕刻家韦罗基奥[1]。

韦罗基奥是名噪一时的雕刻家，皮耶罗与韦罗基奥曾在工作上有过接触。他把儿子的素描拿给韦罗基奥看。

韦罗基奥一下就看到了莱奥纳多的天赋。

“你的儿子就交给我吧。”

正如皮耶罗所想的那样，两人一下就达成了协议。

---

1 安德烈亚·德尔·韦罗基奥（Andrea del Verrocchio）：约1435—1488年，文艺复兴时期的杰出雕刻家。——编者注

祈祷出入平安的《帝沃力：托比亚斯和天使》大受欢迎

对莱奥纳多来说，在韦罗基奥的工作室学习真是一件幸运的事。在这间有大量工作订单的工作室里，不仅是师父韦罗基奥，工作室的许多前辈也让莱奥纳多感到兴奋不已。

而且，韦罗基奥是一个“擅长培养弟子的师父”。自己作画时，韦罗基奥会让弟子帮助他，让弟子们有机会学习。

某一天，师父让莱奥纳多帮助他一起画《帝沃力：托比亚斯和天使》。

《帝沃力：托比亚斯和天使》以《圣经·旧约》外典《托比传》的故事为基础，描绘了孝顺的商人儿子平安归来的故事。

画中的美少年托比亚斯与大天使拉斐尔并排。托比亚斯行走在代替盲父收回钱款的路上，而大天使拉斐尔此刻正在一旁守护着他们。

顺带一提，此画中托比亚斯手中拿着的“鱼”，据说是莱奥纳多所画。

故事中，平安归来的儿子在拉斐尔的引导下，将鱼肝煎炒后涂到了父亲的眼睛上，父亲的眼睛就痊愈了。

以这个幸福的故事为背景的《帝沃力：托比亚斯和天使》风靡一时。

在这高人气的背后，我们可以通过当时的商业环境来解读一下隐藏在其中的玄机。

商人总是穿梭于永无止境的旅程中，而对他们来说，“一路平安”是再怎么祈祷都不为过的事。动荡不安的旅途中总少不了抢劫或偷盗，也有因为自己人的背叛，而被抢走钱财或货物的。有时，不仅钱货被偷，更会丢了性命。

所以这些买卖人都将祈祷平安的愿望寄托于《帝沃力：托比亚斯和天使》中。

《帝沃力：托比亚斯和天使》也会有所变化，有时画中甚至会有三个天使。

这绝不是什么可笑的事，“一路平安”是他们迫切的愿望。

勇于挑战危险的雷兹卡尔（risicare）

莱奥纳多・达・芬奇还在学习的那段时间，要说到意大利商人的得意之处，就数东方贸易了。

香料、红酒、茶、陶器、纺织物等“人们渴望的商品”，只要通过陆路和海路从中国运往意大利，就能进一步运往欧洲各地。意大利作为通往东方的玄关，拥有绝佳的地理位置。

意大利商人孜孜不倦地将东方的商品运往欧洲，其中最受欢迎、利润最大的商品就是香料。

胡椒、肉桂、肉豆蔻等在当时非常受欢迎。这种不仅价格高，又卖得动，还特别轻便的香料，对商人来说是不可多得的商品。当时没有冰箱，要保存肉制品和容易腐坏的食品，或者消除味道，都少不了香料。

此外，人们还对香料的“药物”作用抱有期待。它作为对抗鼠疫等传染病的治疗药、防御药、保健药等，大受人们欢迎。

饭桌上不可或缺，还能当作保健品，香料的买卖在很长一段时间独占鳌头，这也成了意大利商人的强项。

由于多种多样的食材从东方进入意大利，其料理也在欧洲一下子丰富起来。说起意大利面，它就是从东方经由丝绸之路传入的。除此之外，大米、糖、茄子、西瓜、杏子等也渐渐成为餐桌上常见的食物。

运送这些商品有多种陆路和海路可走，但其中，乘船出海的男人们所走的路最为危险。海上经常有海盗出没，碰上恶劣的天气还有翻船的可能。

知晓这些情况还出海的男人们，被称为“勇敢的乘船者雷兹卡尔”，其含义是“勇敢的人”，之后“雷兹卡尔”（risicare）还演变成了“风险”（risk）这个我们所熟知的单词。

“不敢冒险的人，做不成大生意。”

当时，以“雷兹卡尔”为首的商人认为，风险不仅要“规避”，更要“挑战”。那时的商人开始鼓起勇气，对风险发起挑战。

此时，为了帮助这些商人，有人想出了新的方法，那就是意大利的银行（banco）。银行面向商人开放，提供“无现金”服务。若使用了这一服务，将不再需要携带现金上路。

将商人从路途的危险中营救出来的意大利银行，就好像《帝沃力：托比亚斯和天使》中描绘的大天使拉斐尔。

02 在地中海活跃的雷兹卡尔和帮助他们的银行

莎士比亚《威尼斯商人》的故事

“我明白事情的缘由了，我借你钱。但是，如果你没能还债的话，我要你身上一磅肉。”

提出这样离谱条件的，是犹太放贷人夏洛克。

威尼斯商人安东尼奥回答道：“好的。”

按照计划，船上的货能卖掉的话就能还钱。安东尼奥完全不担心。

然而，他接到了“船都沉了”的消息。

这样一来，事态就突然改变了。

安东尼奥迎来了无法还上欠款的危机。

审判时，他们来到了法院。

法官劝说夏洛克“尽量息事宁人”，但他顽固地不肯答应。

终于到了判决的时候。

出人意料的是，判决十分严苛：“按约定，允许你切下一磅肉。”

安东尼奥失望地低下了头，早就不抱希望的他做好了赴死的准备。

“来，让我取走你的心头肉吧。”夏洛克手握剑，使出力气一点点逼近。

这时，法官对夏洛克说：“你可以切下他的肉，但是因为契约上没有写到血，所以一滴血都不能流。”

这令人拍手喝彩的著名场面，来自莎士比亚的名作《威尼斯商人》。

为朋友借了钱的商人安东尼奥是“充满人情味的”，而被邻人们鄙视的夏洛克是“沾满污点的犹太放贷人”。

“货物卖掉的话就能马上还清借款。”本来毫不担心的船主安东尼奥却接到了“船都沉了”的消息。故事惊险展开，紧紧抓着读者的心不放。

应该“全都沉没了”的安东尼奥的船，在故事迎来大团圆结局的最高潮，“突然回到了港口”。恐怕莎士比亚也知道威尼斯船员的航海技术之高超。

威尼斯的造船技术和航海技术有着非常高的水准。为了在进行东方贸易时活用地形优势，威尼斯船员不断提高造船和航海技术。

他们使用的船不是帆船，而是由许多船桨划动的桨帆船[1]。在战斗时，桨帆船尖锐的船头能够刺穿敌船，划桨的人则变为手握弓和剑的士兵，与敌人战斗。和帆船不同的是，桨帆船很适合战斗。

新兴产物波特兰航海图和指南针，也为航海技术的改良添

1 桨帆船：又名贾列船（Galley），一种以人力划桨为主要动力的船种，被广泛用于早期地中海地区的战争与贸易中。——编者注

砖加瓦。威尼斯开设了自地中海向欧洲延伸开来的定期航线，并制定时间表开始了航海。这样一来，贸易圈一下子扩大了，威尼斯的商人一跃成了地中海贸易的主人公。

意大利银行，从手续费生意中大赚一笔

威尼斯商人在与东方的贸易中阔气地赚了一大笔钱。在旁人看来，简直是超越了羡慕，到了惹人生气的地步。

羽翼颇丰的他们总是背负着“被盯上”的宿命。在所有的海陆路途中做生意时，他们都要担心自己可能不知何时就会被海盗袭击。生意范围越广，交易金额越大，他们就越焦虑。

这时，为了缓解商人的忧虑，银行提供了“汇票”交易。商人使用了汇票后，就可以做到“无现金”交易。

威尼斯最早的银行，就是从里亚特街的一张桌子开始的。

Banco就是桌子的意思。而银行职员（Banker）原本是“在桌子上与客人进行金钱交易的人”。他们面对面进行着细致的交易，中间夹着一张桌子，归根到底是为了帮助商人扩大服务的范围。

当时，各个国家和城市都用着不同货币，银行为他们提供了货币兑换服务。在此基础上还开始了基于汇票的异地无现金服务。这些交易，归根结底是为了扩大货币兑换和结算网络。各个国家的分行，最终也发展形成了与其他银行之间的网络系统。

银行利用这样的网络组织收取顾客的手续费。作为顾客来说，虽然稍稍有些贵，但他们除了使用这一服务之外别无他

法。银行赚了不少钱，在中世纪的意大利各城市、巴黎及伦敦等地都拥有分行，朝着大规模组织的方向发展。多半是他们擅长的手续费买卖让他们赚了不少钱。

14世纪初期，欧洲人口超过10万的城市，除了巴黎之外，都在意大利，如威尼斯、佛罗伦萨、米兰、热那亚、那不勒斯……这些城市的发展，和银行有着不浅的关系。由于银行的出现，意大利商人才能够以欧洲为对象做买卖，才能够扩大生意的规模。

利息的禁令让银行感到苦恼

银行借助构筑巨大网络组织发了横财，但是谈到“贷款”时，他们克制的态度又令人感到意外。那么他们对贷款态度暧昧的原因是什么呢?

这里面有着令人无法相信的理由：中世纪时，基督教禁止商人收“利息”。

中世纪的基督教之所以禁止收利息，是因为“时间是神的东西”。时间是神的所有物，所以从中产生的“利息”也是神的东西。因此不允许商人收利息。这是当时的常识。

但是现实中，商人确实存在借钱的需求。

《威尼斯商人》中的安东尼奥向犹太人夏洛克借了钱。

由于基督教“禁止收利息”的对象不包含异教徒，所以犹太教徒就能够借钱给别人了。或者不如说，放贷被当作一件卑微的工作，而被强加到了犹太人头上。利息被称作“Usury”，犹太放贷人也被轻蔑地叫作Usury。

无论哪个时代，商人最担心的事就是“资金不足”。

这是除了海贼和沉船事故之外，最为理所当然的担忧。

禁止收利息成了商人和银行发展的阻碍。

想要借钱的商人，以及想借钱出去的银行，阻隔在他们之间的正是基督教的律法。

他们在“真心话和场面话”的夹缝中十分痛苦。

他们在贷款时，捏造了“这不是利息”这样迫不得已的歪理。对于放贷得到的回转资金，他们会辩解这是“如果我把这些钱用在其他地方会得到的利益”的一种补偿。（我们可以称其为机会成本。）

对失去机会的补偿和Usury有所区别，被称作“Interesse”。这个Interesse就是Interest（利息）的词源。原来“Interest”的使用是从伪装利息开始的。

银行也在提供货币兑换和汇票服务的基础上配合贷款服务，并掩饰称“这不是利息”。正因为无法光明正大地收取利息，才会有这种肆意伪装利息的情况。

不仅是出借方，禁止收利息也对借款方的买卖造成了阻碍。不过正是在这不利的情况下，银行才会绞尽脑汁地扩大以汇票为主的网络结算业务。

生意场上也好，人生中也罢，不利的情况和压力都会使人成长，成为促使革新诞生的一种刺激。

银行一边在桌子底下偷偷地进行着贷款活动，一边配合贷款进行货币兑换、结算、信息提供服务，从各个角度辅佐着商人。银行成了意大利商人依赖的对象。

意外在意大利诞生的簿记

对从一段旅途到下一段旅途，不断移动处身之所的买卖人来说，“资金周转”是非常重要的问题。

有一些不那么宽裕的商人会用“卖了商品获得的钱”去偿还进货款，这些商人进货、销售的必要资金称作“营运资金”（Working Capital）。

由此来看，在《威尼斯商人》中，说着“船回来了就把钱还给你”的安东尼奥，就是典型的“为营运资金所累的商人”。像他这样的商人，就是接受银行贷款来进行资金周转的。

另一方面，较为宽裕的商人也不能放下心来。如果带着现金各地跑，不知道哪天就会遇上小偷和海盗。为了避免这些情况发生，他们会使用银行的联网服务。多亏了银行，商人做生意才变得更容易。

帮助也是互相的，银行也是利用了商人，才能扩大自己的组织网络。

这时，成功扩大了自己交易范围的商人，就必须对全部的商品入库和销售的汇票收付做记录。交易次数变多后，就不能完全依赖记忆了。

同样，对于向各地撒网的银行，放贷和收贷、汇票的发行和结算也必须留下记录，这变得迫在眉睫。站在银行的立场上来说，各分行不仅要留下记录，还必须将记录传达给其他分行。凌驾于所有分行之上，在整个网络组织层面做记录的必要性也就出现了。

商人如果仅在一家店中，只用自己的资金来做生意的话，也许就不需要账本了。

但意大利商人和银行为了成功经商，将规模扩大了，因此产生了做记录的必要性。

这样一来，在商贸繁荣的中世纪意大利，为了记“账”诞生了簿记的技术。

银行和簿记诞生于意大利——应该有很多读者对这个事实感到惊讶。

一提到意大利，恐怕有不少人有种它与“银行和簿记”没有什么关系的印象。

但是，在莱奥纳多·达·芬奇诞生的时代，欧洲经济的中心确实是意大利。意大利商人的活跃为金融和会计的诞生打下了基础。

03 银行和簿记支撑着意大利黄金时期

银行的出现和资产负债表

虽说是“在暗地里”，但因为有银行放贷，做买卖的人准备资金变得容易起来了。

首先，在开始做生意的时候他们要准备“自有资金”。

然后，在“自有资金”不够的情况下，要从银行“借钱”。

这里的自有资金意味着本钱，叫作“资本”（Equity）；借来的钱叫作“负债”（Liability）——这两项就是生意资金的“筹措”。

接下来，商人就用筹措来的资金购买香料和船等“资产”（Assets）。

将自己的资金和从银行借来的资金筹措起来，运用到投资资产当中去。

这可以说是生意最基本的“形式”。

表达出这种“筹措与运用”的东西就是资产负债表（Balance Sheet）。请从右到左全方位地看一下资产负债表。如下图所示的是“负债L+资本E=资产A”这一基本公式。

在买卖中，如果左侧的“运用”顺利进行的话，资产就会增加；相反，“运用”失败，则资产会减少。也就是说，要做成生意，就要将“左右平衡”变成“A>L+E”，失败的话就会变成“A<L+E”。

如果买卖成功，在值得庆祝的“A>L+E”情况下，资产增加，将“利润”放到右下角有落差的部分里，使左右一致。这样一来，商人的本金所增加的部分，理所当然就只是利润的部分（本金和利润合起来称为自有资本或者纯资产）。

再细化的部分我们先不谈，请记住，资产负债表要从右边的筹措到左边的运用，左右平衡地来看。

业务规模越大，“筹措与运用”的规模也会随之变大。要买一艘巨大船舶的雷兹卡尔，必须筹措到巨额的资金。

表示资金筹措与运用的资产负债表

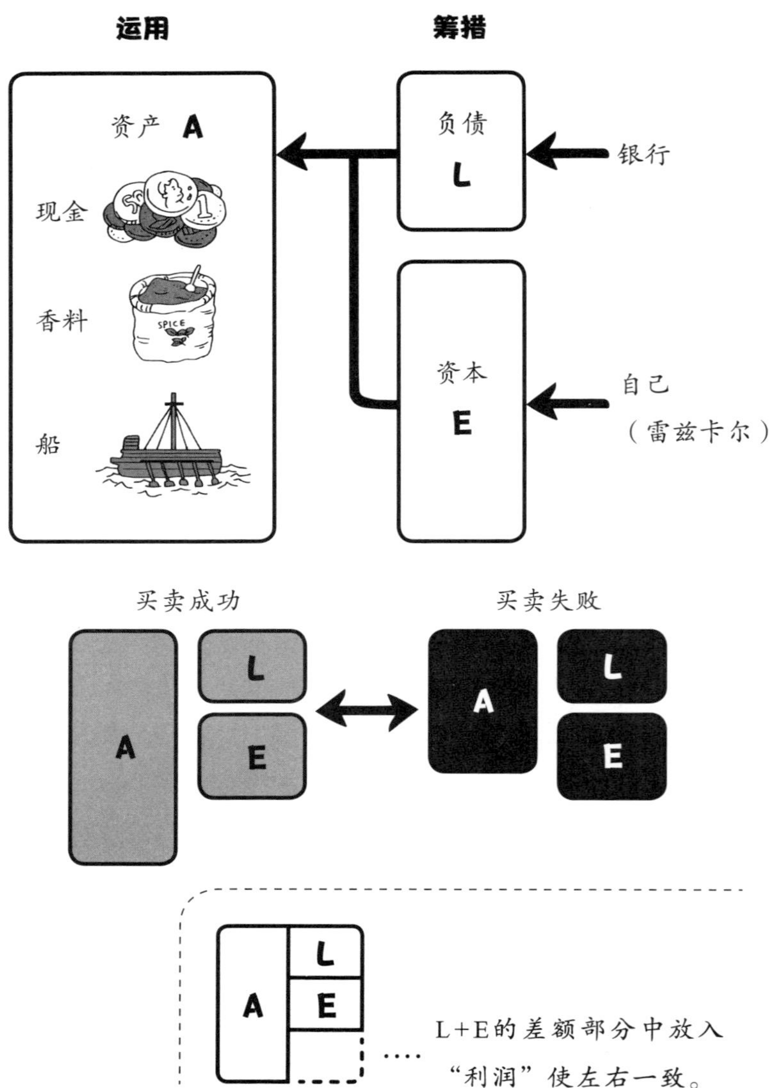

L+E的差额部分中放入“利润”使左右一致。

实际上，对当时的大商人来说，要准备一艘大型的桨帆船也是非常困难的。所以，威尼斯的船舶为国家所有，对商人出借。商人不必拥有自己的船只，只需要进货就能做买卖。

拥有船舶并向民间出借的威尼斯政府，制作了相当详细且准确的账本，所以他们能够算出船舶的使用费。

有了准确的账本后，就能清楚地知道自己的赢利。记账的习惯也渐渐传播到民间商人那里。当时，威尼斯的商人非常详细地记着账。他们将每天的交易都“记录”在账本里的方法，就是之后被称作簿记始祖的“威尼斯式簿记”。

于威尼斯呱呱坠地的簿记，和同样发源于威尼斯的银行一起，充分支持着商业活动。

时尚的变化使纸张普及

正当威尼斯的商人在地中海活跃的时候，有一样商品颇受男人们欢迎，人们争相购买，鲁莽汉笑眯眯地将这个东西送给女士做礼物。

男人们都争相购买的产品就是“纽扣”。

由不同的宝石工匠加工珊瑚制作而成的纽扣，在女性中大受欢迎。纽扣使用的增加，是从13世纪到14世纪期间开始使用棉织物做衣服之后的事情。

意大利的纺织业，很早就开始使用羊毛织物做衣服了。

意大利工匠将曾是佛兰德斯地区的名产品——羊毛织物——引入产业，迅速增强实力，使意大利以出产高级商品而闻名。

莱奥纳多·达·芬奇所处的15世纪，羊毛织物产业暗淡了不少。这一衰退是由于遇上了像英国和西班牙等国家生产的低价竞品。曾是高级商品的意大利的羊毛织物，被逼到了一个艰难的境地。

棉质衣物代替羊毛织物逐渐兴起。

特别是意大利北方的木棉产业，甚至以超越羊毛织物产业的势头成长着，生产大众使用的低价产品，成了体量不小的出口产业。

木棉产业的发展不仅带动了纽扣的人气，还孕育出了一个令人想不到的产业。它既是本书的主题，也对历史产生了极大影响——“纸”生产量的增加。

造纸术原本诞生于中国，后经阿拉伯传至欧洲。把破布用刀具撕碎，然后放入桶中，待其腐烂产生的纸浆薄薄地延展开后，制作而成纸张。从这样的工序来看，用英语“paper”来表达“纸”的话可能并不准确。因为paper的词源papyrus（纸莎草）是植物，而此处我们说的“纸”是以衣物为原料制成的。

随着棉麻代替羊毛织物成了衣物的一般用料，以衣物为原料的“纸张”的生产量也在逐渐增加。

正是由于14世纪到15世纪期间造纸技术有所提高，莱奥纳多的时代，才能很容易得到不错品质的纸。

纸在意大利普及，父亲是一位能够大量使用纸的公证人——基于这两点，莱奥纳多·达·芬奇才能留下大量的手稿。

不用说，纸的诞生也为商人和银行在记账时提供了帮助。

意大利的纺织业诞生了长期性的组织

胡椒、肉豆蔻、丁香等香料商品在东方贸易中拥有令人骄傲的超高人气，紧随其后的人气商品就是棉织物了。

棉织物主要从印度进口，棉质产品的原材料棉花很难在寒冷的欧洲栽培。印度也是棉花的主要出产地，而且，印度拥有高超的染色技术。印度产的棉织物在欧洲人看来是非常有魅力，且品位较高的商品。

论牢固度，羊毛织物更胜一筹；论穿着舒适度和时尚度，一定是棉织物更佳。想必意大利人也曾一边使用着从印度和中国购入的棉织物和麻织物，一边憧憬着“总有一天我们也能自己制造”。

意大利的纺织业从生产羊毛织物转为生产棉麻制品，随着时代而变化。

像这样“内陆型制造业”的繁荣，促使了新兴买卖中“组织”的诞生。很多时候，贸易仅限一回，然而在纺织业中，与住在同一屋檐下的家人或朋友进行长期制造活动的情况逐渐增多。

在这样的背景下，内陆城市在13世纪左右开始渐渐出现被称为“公司”（compania）的、进行持续性活动的组织。除此之外，还诞生了数个组织和合作社，他们拥有以出资者的聚集为开端的合伙关系。当他们自己的资金不足时，他们会向银行借钱。

这样一来，由于生产物从羊毛织物变成了棉麻织物，纽扣开始普及，纸张开始增加，新的组织得以诞生。时尚的变化竟影响到了意料之外的地方。

悲剧担当——犹太放贷人夏洛克

莱奥纳多·达·芬奇出生于佛罗伦萨一条纸普及的街道。

父亲皮耶罗“抛弃了”莱奥纳多的生母，这对后世的我们来说也许是一件幸事。如果皮耶罗负起责任和她结了婚，莱奥纳多作为嫡子，很有可能就成了一个公证人。这样的话，莱奥纳多也就不会走上艺术家的道路了。令人啼笑皆非的是，多亏了父亲皮耶罗的“无情”，我们才能看到达·芬奇的名画。

父亲皮耶罗曾是公证人，这是莱奥纳多作为艺术家大有所成的一个巨大因素。正如前文提到过的，他是因为这一点才能自由获得“纸”的。

莱奥纳多将浮现在脑中的想法一边速写下来，一边推敲自己的构想。如果他生在一个得不到纸的环境中，也许天才的想法是无法实现的。

成就了天才的“纸”，也极大地改变了商人的环境。能得到纸的话，就能记账了。中世纪后半叶纸张得到普及的时代，在威尼斯和佛罗伦萨，记账这一习惯的传播绝不是偶然事件。

解决了纸的问题，接下来就是为了记账而使用的“方法或技术”了。关于簿记的知识是如何传播开的，我将在下一章为大家介绍。

本章的最后，让我们回到莎士比亚的《威尼斯商人》。

本已放弃，心想“已经完蛋了”的安东尼奥，在船安全回来后放下心来。莎士比亚的作品多为悲剧，但这个故事少有地以登场人物全都在的大团圆结局谢幕。

其中，仅有一人背负着不幸，那就是犹太放贷人夏洛克。

尽管他因“一滴血都不能流”的判决放弃了报复，却以“危害威尼斯市民的罪行”被没收了财产，并被要求信奉基督教。不仅如此，他喜爱的女儿偷了他的财产逃跑后，他也尝到了沦落他乡的悲哀滋味。夏洛克仅仅因为是犹太人而被看不起，被欺负，并失去了财产和最爱的女儿，这样看来，《威尼斯商人》也还是一个悲剧故事。

基督教表面上禁止收取利息，却把它作为“卑微的犹太人的工作”强加到他们身上。犹太人不被允许加入行会，也不被允许进行交易。国家不断将放贷的工作推给犹太人，趁机利用他们。时机成熟时，又将他们的财产连根拔起全部抢夺过来。

如果没有犹太人的话，金融的历史也会发生很大的改变。

他们是没有登上舞台的幕后功臣，其作用是绝对不小的。

“银行职员就该默默地付出”这样的话，现在还时常能从年长的银行家那里听到。

但是最近，这样的幕后功臣精神也渐渐变弱了。以投资银行为首，在国际舞台上活跃的银行家增多了。

看到他们活跃的样子，夏洛克会抱着什么样的想法呢？

是为后人的活跃而欢呼雀跃，还是一声叹息呢？

可惜的是，我们无从得知。

延伸阅读

1. 在意大利备受尊重的公证人

现代意大利社会中，“公证人”的地位还是非常高的，其工作的报酬也高得惊人。且公证人经常任性地休假，在如今的意大利仍会频繁发生“公证人正在休假，所以没法办理公司成立手续”的情况。另外，至于成为公证人所必要的培训，诸如“只接受我的儿子进行公证人培训”这样的世袭制仍然存在。

2. 干意大利面

说到意大利面，你一定会觉得它的发源地是意大利，但它其实是通过与东方做贸易从阿拉伯地区传入的。便于保存的干意大利面作为商品而被广泛普及，主要产地为热那亚和西西里岛周边地区。

3. 波特兰航海图和指南针

由于指南针（荷兰语为kompas）的出现，航海方式由目之所及的沿岸航海法，变为了依靠方位的海上航海法。画着数条指南针指针延长方位线的航海图就是波特兰航海图。

4. “汇票”交易

使用汇票的交易中，收款和打款的人、地点、时间都不同。基于地点的不同，“不同货币的兑换”必不可少，另外，由于时间不同，“汇率”有所变化。银行充分利用这些情况来赚取手续费。

5. 资产负债表

资产负债表在当时的意大利被称为“财产目录”（Bilanzio）。财产目录是通过实地盘点制作而成的资产负债表的始祖。

6. 桨帆船

15世纪时，鼎盛时期的威尼斯拥有国有造船厂。造船厂拥有45艘大型桨帆船、300艘大型帆船、3000艘小型帆船，雇用了35 000名船员。

第2章

15世纪意大利　簿记革命

正值第二次世界大战的1943年8月。

盟军加强了对意大利的攻击，米兰人民慌乱地逃避着无休止投落的炸弹。位于街道中心的圣马利亚修道院也因受到轰炸而倒塌了。

这时，发生了一件不可思议的事。

明明建筑物都已经全部倒塌了，不知为何，内侧墙壁的部分却还留存着。后来才知道，原来是神父们担心失去这面墙壁，在墙的两侧堆砌了土袋，一直堆到了天花板。

这是神父们以性命交换而守护下来的东西。

这就是教堂内的壁画，莱奥纳多·达·芬奇所绘的《最后的晚餐》。

01 莱奥纳多和“簿记之父”命运般的相遇

莱奥纳多的故弄玄虚

莱奥纳多在师父韦罗基奥的工作室内修行已经过了数年。

虽然他作为画家基本上已经被认可了，但是对他本人来说，他正持续地过着令他无法接受的每一天。

“这样下去是不行的。”

他30岁时下定决心，对已经住惯了的佛罗伦萨去意已决。

心中的新天地是米兰。米兰由新兴贵族斯福尔扎家族管辖，是一座发展迅猛的新兴城市。暴发户贵族们喜欢华丽的建筑和艺术品，这在米兰很常见。对莱奥纳多来说，米兰是一个很容易找到工作的城市。

莱奥纳多一到达米兰，就给掌权者卢多维克·斯福尔扎公爵写了一封信，请愿出任军官。在盛行武器制造的米兰，他不断将自己吹嘘成军事专家，还谨慎地自荐：“我还擅长绘画哟！”

这个方法奏效了。莱奥纳多最终被卢多维克公爵雇用了。

在米兰生活的这段时间里，卢多维克公爵委托了他一项工作。

“我想要新建一座教堂，怎么样，能为我在食堂画一幅壁画吗？”

莱奥纳多当然回答“没问题”，接受了这份工作。但那段时间，他的徒弟们因为其他工作而极其忙碌，无奈之下他只好只身一人开始画壁画。

在修道院大食堂的墙上画上一幅“晚餐”的画，这个想法并不让人感到意外。但这幅画是一幅杰作，以至450年以后，神父们赔上性命也要守护。

在米兰奇迹般的邂逅

莱奥纳多绘制《最后的晚餐》时，挑战了新的绘画手法。他对新的作画工具，透视法和渲染法等绘画技术，都非常投入地进行研究。按照这个进程，他必然会将注意力投向“数学”。

根据莱奥纳多着手开始绘制《最后的晚餐》时候的记录，他曾将一本数学书作为参考书。这本书中写着十分有趣的内容，如几何学、三角法、代数学等数学概论，还有与货币、重量、长度相关的实用换算表等。

“这可太有趣了！”

不久后，这本书的作者来到了米兰。也说不定是因为莱奥纳多向卢多维克公爵如此进言：“将本书的作者邀请到米兰来吧。”

这本书的作者名叫卢卡·帕乔利[1]。就这样，莱奥纳多和卢

1 卢卡·帕乔利（Fra Luca Bartolomeo de Pacioli）：1445—1517年，数学家、修道士。著有《算术、几何、比与比例概要》（又译作《数学大全》）《神圣比例学》。

卡两人在米兰相遇了。这发生于15世纪将要结束的1496年。

探访米兰前的1494年，卢卡·帕乔利在威尼斯出版了一本书。

那就是莱奥纳多所读的《算术、几何、比与比例概要》（又译作《数学大全》）。

这是一本厚达600页的大型著作，整理了数学知识，是百科全书似的一本书。

书中用比喻来说明专业内容，让人容易理解，像这样下了功夫的痕迹随处可见。又因为这本书没有用难以理解的拉丁语，而是用易懂的意大利口语所写，它作为“数学基础书”大受欢迎。

在这本书中受到刺激的莱奥纳多，从作者卢卡先生那里得到了很多详尽的建议，诸如用于《最后的晚餐》的透视法等。

顺带一提，这一时期莱奥纳多所写的to do list（待办事项清单）中，留下了“要向卢卡先生学习平方根”这样可爱的笔记。

两人的相遇不仅影响了《最后的晚餐》，也无疑对这之后莱奥纳多所绘的以《蒙娜丽莎》为首的许多名作产生了不小的影响。

开始作画四年之后，莱奥纳多参考了卢卡先生给出的建议，终于完成了《最后的晚餐》。

卢卡先生也就任了米兰大学数学部第一任部长。经历了许多事的两人在米兰度过了一段充实的日子。卢卡先生在《数学大全》之后开始执笔创作《神圣比例学》。

这本书围绕螺、向日葵种子和海豚等自然界中存在的黄金比例案例著成，莱奥纳多也对此书颇感兴趣，提供了许多优美的插画。他仅仅只在这一时期为别人的书提供过插画。

可惜的是，两人共同著写的这本书并没有在米兰出版。

1499年末，法国武力入侵米兰，莱奥纳多和卢卡先生决定逃离这里。莱奥纳多把钱财存入银行，离开了米兰。

逃离了米兰的莱奥纳多经由邻国曼特瓦去往威尼斯。他为威尼斯那自由的氛围所倾倒，但可惜的是，他没能在这片土地上安定下来，因为当时的威尼斯正处于与奥斯曼帝国的战争之中。

没能在威尼斯停留，也没有回到米兰。最终，莱奥纳多决定回到故乡佛罗伦萨。

许久未曾回到故乡的莱奥纳多受到了佛罗伦萨市民的热烈欢迎。

30岁离开佛罗伦萨的他，再次回到这座城市的时候，已经48岁了。

就当时来说，这个年龄何止是中年，都可以说是老年了。虽然离开故乡后的莱奥纳多走向了成功，但这段时间的佛罗伦萨却动荡不安。

于中世纪末登场的文艺复兴和簿记

莱奥纳多诞生于临近佛罗伦萨的芬奇村，30岁踏上了前往米兰的旅途，48岁又一次回到了佛罗伦萨。这一时代是我们在历史教科书中所学到的“中世纪”后期。

莱奥纳多出生时的中世纪这一时期，被我们称为黑暗时代。一句话，就是“中世纪”是由基督教支配的“神的时代”。教会的教义不可反抗，人们必须依照教义生活。只有教义才是真理，“只有相信的人才会被救赎”。基督教不允许人们拥有“人性化”这样的态度。

文艺复兴运动正是对这样压抑氛围的一种反抗运动。其基础就是“希望活得有人性”这样对于自由的渴望。因此，关于包含教会、教义在内的所有常识，人们都开始问一句“为什么”。

有些人仿佛回到古希腊、古罗马时代，自由地表达着美。

文艺复兴在法语中的意思是“重生”，有回到中世纪以前的历史、“重拾人性”这样的意义。正如您所知，莱奥纳多·达·芬奇极大地敞开了文艺复兴之门。

还有一点，除了文艺复兴之外，中世纪向下一个时代过渡的重要因素就是“商业的繁荣和大规模化”。从个人商店到大型组织，以及后来与股份公司有着紧密关联的“大规模赢利的商人”，都作为与教会相当的势力群体，一点点地付出了自己的一份力量。

在这里给予商人极大帮助的就是“簿记”。簿记和银行一样都帮助了商人“理解生意”。极大地影响了簿记的普及的，正是莱奥纳多·达·芬奇的师父卢卡·帕乔利。

他于1494年出版的《数学大全》就已经说明了这一点。在这本莱奥纳多也非常爱看的，被他叫作“卢卡先生的算数书”中，有27页是围绕簿记说明的内容。虽然在一本厚达600页的大作中仅有27页篇幅，但是这对商业历史做出了带有冲击性的巨大改变。

那么，《数学大全》中的27页，写着什么样的内容呢？

为了探索“簿记”的源头，我向大家介绍一位运用此技术使生意成功，并为佛罗伦萨带来了文艺复兴的“有名的商人”。

02 由逃脱处刑的科西莫支持的文艺复兴

险些被处刑的男人

他像平时一样出门前往办公地点，在入口处被官吏们围住了。

“请往这边来。”

语气上虽然非常客气，却充满着不由分说的强迫感和紧张感。

他踏上狭长的台阶，最终到达了一个有些昏暗的小房间的入口。

“请进吧。”

他踏入了开着的那扇沉重又冰凉的门，往前走了两三步。这时，他听到背后传来了咔嚓一声。

在轻轻叹了一口气之后，他望了一眼周围，发现在角落处有一扇小小的窗户。他试着靠近洒进阳光的小窗，那里能够远远看到被城墙围着的街道。

从这间距离地面70多米的房间看出去，佛罗伦萨的街道一览无遗。

理应看惯了的佛罗伦萨的街道，生我养我、我爱着的故乡，却和平时看到的不同，或许他此刻感觉到的是“也许再也看不到了”。

这时，他感觉到了性命会有危险。

根据当时的情况，他恐怕非常有可能在眼前的这个广场上被处刑。

“必须采取些什么措施才行。”

被幽禁在小房间内，处在一分一秒逼近的危险之中，他拼命地与恐惧做着斗争。

他的名字叫科西莫·德·美第奇[1]，就是他为大名鼎鼎的美第奇家族的繁荣打下了基础。

这位科西莫因为太过得势，激起了政敌的反感。根据政敌的策略，他很有可能被逮捕后处刑。科西莫迎来了一大危机。

但评议会想到对科西莫处刑可能产生的过大影响，害怕来自其他国家的批判，决定不能对他下手。最终，他们对科西莫下达了“流放国外”的处罚决定。

监禁于钟塔的小房间中一个月以后，趁着夜色他被护送至城墙的圣·加洛门，从这扇门被悄悄地流放出了佛罗伦萨。

父亲的教诲——“尽量在公众看不到的地方做生意”

科西莫的政敌虽然让科西莫下了台，成功将他流放，但他们想要掌控佛罗伦萨却遭遇了失败。市民掀起了一股盼望科西

1 科西莫·德·美第奇（Cosimo de Medici）：1389—1464年。他作为美第奇家族的主人，掌控着佛罗伦萨。

莫归来的舆论。

最后，被流放正好一年之后，科西莫回到了佛罗伦萨。科西莫回来后的佛罗伦萨迎来了短暂的和平时期。莱奥纳多·达·芬奇出生的时候，正值这一和平时期。

“美第奇”一词来源于医生。正如其名字所展示的那样[1]，美第奇家族本来从事医生、药局相关的工作，之后扩大到了羊毛织物买卖等。科西莫的父亲乔凡尼在此基础之上，动用数名亲属开始了新的银行业务，开办了美第奇银行。

从父亲乔凡尼到儿子科西莫的这段时间，美第奇家族展开了羊毛织物生产、银行和经商活动，成了佛罗伦萨乃至欧洲都屈指可数的家族。

但令人意外的是，父亲乔凡尼把银行业务移交给儿子科西莫的时候就提醒他：

> “尽量在公众看不到的地方做生意（Stay out of the public eye）。”

佛罗伦萨已经有好几家银行，美第奇家族是后来人。

而且，在佛罗伦萨做成了生意的巴尔迪家族和佩鲁齐家族在羊毛织物和贸易上成功之后，开始进入银行业。这两个可以说是美第奇的“大前辈”家族，都在英国国王爱德华三世欠债不还的情况下破产了。

基于这样惨痛的经历，佛罗伦萨的银行对于向国王和贵族

1 美第奇英语为“Medici”，与英语中的药“Medicine”相近。

放贷持有非常谨慎的态度。“王公贵族何时背叛你，你是无从知晓的。”美第奇银行也意识到了这一点。

也就是说，“不要通过轻松的贷款赚钱，踏实地赚钱更好”。科西莫死守着父亲的教诲，在信用管理上投入了很多心血。

科西莫本人，在父亲创立的美第奇银行罗马分行中累积了扎实的银行业务经验。他不断学习簿记的理论和实务，拥有了读懂贷款方账本和经营状况的能力。

另外，科西莫与罗马教廷构筑了紧密的关系，将其发展成了收益的支柱。与罗马教廷之间“坚不可摧”的关系也为美第奇银行镀了一层金。

使簿记成为可能的“美第奇控股集团”的管理

在科西莫时期，美第奇银行以其卓越的经营直觉，渐渐超越了前列的银行，夺得了首席银行的宝座。

从顾客的角度来看，与美第奇银行往来的好处之一是其“广泛的网络组织”。美第奇银行不仅在意大利，还在伦敦、布鲁日、里昂、巴塞罗那、日内瓦等欧洲各地的“重要城市”设立了据点。因此，商人可以活用这一分行网络来进行无现金交易。

但从另一方面来说，扩大了网络的美第奇银行也出现了分行管理这一问题。

当时的环境下，别说是打电话和上网了，连互通书信都非常困难，怎么才能管理相隔甚远的分行呢？如果不能确立管理手段，就无法扩大组织。

于是，美第奇针对各据点的管理，研究出了一种手段，那就是尝试让权限不向本部“集中化”，尽可能“分权化”。

虽然美第奇银行的据点仍被称为“分行”，但它当时更像独立于美第奇银行之外的组织，分行的长官被授予了非常大的经营权限。佛罗伦萨本部几乎不插手分行经营与信用管理的事，而是专心于“设立新分行的决策”等重大问题。

分行不仅由美第奇本部出资，掌管者也要出资。也就是说，掌管者也是分行的共同出资人。

在分行出现赢利的情况下，美第奇经常大方地将超出出资比率的利润分配给掌管者。因此，他们的“干劲”才被激发了出来。

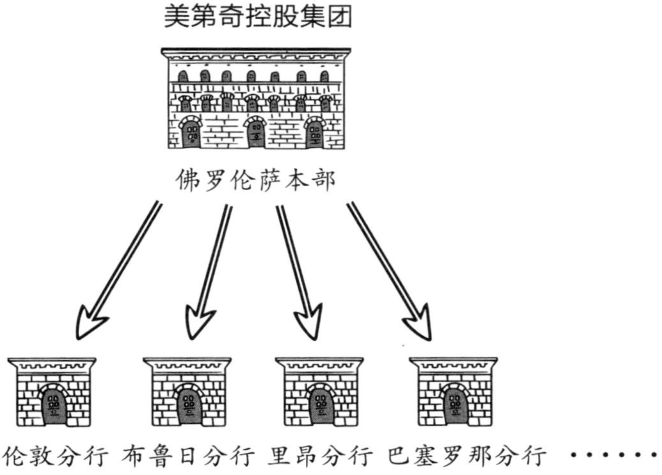

美第奇控股集团

佛罗伦萨本部

伦敦分行 布鲁日分行 里昂分行 巴塞罗那分行 ······

我想恐怕是由于没有方便的通信手段，美第奇银行才会彻底地以“放任”的方法来管理分行，因此也有人将它称为“控股公司”（Holding Company）的源头。

掌管者被准予自由经营，作为交换，他们也负有将经营活动详尽地记入账本的义务。掌管者为了报告结果，定期拿着账本去拜访佛罗伦萨的科西莫。正是因为有了账本，才能放任各据点经营。

佛罗伦萨的商人支持文艺复兴

父亲曾向统领银行业的科西莫建议过“尽量在公众看不到的地方做生意”，其理由之一就是已经说明过的“Usury”。

也就是为了不触怒神和教会，不得不“用别的方法”赚钱，而不是光明正大地收利息。

原本美第奇家族正广泛开拓着羊毛织物的制造、贸易物品的买卖。美第奇银行的贷款业务和这些买卖相结合，贷款抵押使商品卖出更高的价格。而且，美第奇银行的组织网络互相交错，能够做到以手续费、中介费、买卖等各种方式赢利。

其中，美第奇银行的强项正是其“信息能力”。凭借从国内外的据点网络积极主动地得到各地的市价信息，美第奇以压倒对手的信息能力和预测能力巧妙地赚取着差额。

疏通了与罗马教皇的关系，拥有了合适的组织体制架构、卓越的信息网络，基于这些优点，科西莫时期的美第奇几乎成了佛罗伦萨的代表。

毫不夸张地说，正是因为美第奇银行将赚的钱毫不吝啬地给青年才俊们使用，佛罗伦萨的文艺复兴才得以开花结果。

中世纪后期，人们对Usury产生的疑问越来越大，禁止收利息无论怎样都是非常奇怪的。

不仅是针对Usury，对到当时为止都被当作常识的基督教教义，人们也开始问“真的是这样吗”。这一情况和文艺复兴运动是紧密相连的。

向“常识”提出怀疑的艺术家，开始探访古希腊古罗马时代，还有人对东方各国寄予了关心。从那时开始诞生了无数新的绘画和雕刻作品。对此，美第奇家族和佛罗伦萨的商人大方地给予了金钱资助。商人如同在竞争一般向街边的建筑物进行大额捐赠，向有才华的年轻艺术家进行资金援助。

“只要是好的作品我就买下。”

这对年轻的艺术家来说是多大的鼓舞啊！在佛罗伦萨，来自各地的艺术家不断地创作新作品。

在科西莫为年轻艺术家所设立的学校（柏拉图学院）里，集结了来自国内外的许多能工巧匠。

“赚得多，花得漂亮。”科西莫度过的一生正如佛罗伦萨商人理想中的这句话一样。说不定这句话也带着对Usury的恐惧和赎罪的情感。

03 不依赖公证人，商人开始自己做记录

威尼斯和佛罗伦萨的不同组织

中世纪时期的意大利是分裂城邦的集合体。威尼斯、佛罗伦萨、米兰、那不勒斯、日内瓦各自为政。意大利菜中“那不勒斯风味比萨”“米兰风味炸猪排”“日内瓦风味意面”这样带有地名的菜品非常多。这些正是当时留下的痕迹。

意大利各城邦，各自有着独特的氛围。

生意人在组织形态和活动内容上，有很大的不同。

威尼斯组织VS佛罗伦萨组织

	威尼斯	佛罗伦萨
成员	家族、亲属	朋友
活动	一次性	持续性

以组织来举例，日内瓦是基于家族、亲属的“家庭”组织比较多；但是在佛罗伦萨，与没有血缘关系的“朋友”组织起来做生意的情况渐渐增多。

在做生意的方法上，也有很大的差别。威尼斯“一次性”

的生意比较多；与之相对，佛罗伦萨“持续性地”做生意的情况比较多。

威尼斯的船员们基本上以项目为基础进行航海。每个项目都要召集人，筹措并运用资金，项目结束后将所有的东西换成现金，最后解散。这是一种非常原始也非常单纯的贸易方式。

但是这种方式每一次都要从头开始来一遍，做了太多无用功，因此渐渐地变成了“长时间持续的买卖”。

这种趋势在定居后才能够做生意的内陆地区更强一些，因此，在佛罗伦萨，持续性的组织渐渐变多了。

资产负债表右下方的主人公

资产负债表（Balance Sheet）

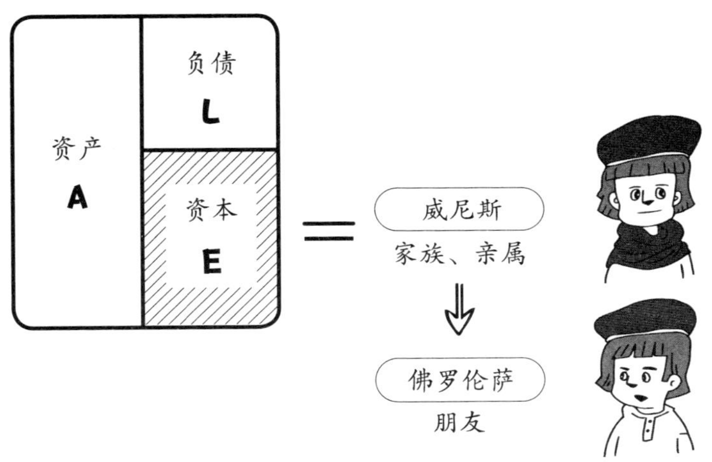

从威尼斯型的“以家族、亲属为中心”，到佛罗伦萨型的

"以朋友为中心"的组织，其中的合伙关系是一个从"家族、亲属"到"搭伙别人的朋友"而逐渐开放的过程。这一点从资产负债表上来看的话，就有着下方的出资者从"家族、亲属"向"朋友"变化的意义。

不依赖公证人，学习簿记自己记账

在中世纪的佛罗伦萨等内陆城市看来，公司是在贸易活动持续地进行后渐渐出现的。这个词转变一下，就成了后来意为"公司"的"company"一词。

原本 "com"意为"一起"； "pan"意为"吃面包的人们"。"company"原本的意思是"一起吃面包的伙伴"。

"和朋友一起组成队伍"是公司的一种原始的组织方式。除此之外，还有多种组织和组合，基本上都可以称为"合伙关系"。

这里本应由"朋友们"共同出资建设事业，但在城市的公司中产生了新问题。在依赖于家族、亲属羁绊的公司中，很少出现背叛者。贸易转移到城市后，背叛者和不能遵守约定的同伴有所增加。

因为有这样的问题，商人也开始留心起"要留下书面记录"这件事。这种情况下，"公证人"就变得不可或缺了。重要的约定事宜不能靠口头约定，而要留下文字"记录"。对城市中充满不安的人们而言，公证人就是定心丸。

在《威尼斯商人》中，与安东尼奥约定"不能还钱，就要给我一磅肉"的夏洛克，也在约定一成立的时候就这样喊道：

"好了，我们快点去公证人那里吧。"

中世纪后期的意大利商人非常热衷于"留下记录"这件事，所有记录的正当性都要依赖于公证人。这样一来，花费的工夫和金钱也太多了。不久，商人开始考虑"自己留下记录"了——这与"簿记"是密不可分的。

在意大利，记账的习惯在12世纪至13世纪就已经存在了。只是分散无序。将簿记做了整理并表现出来，作为"正确的簿记记录方法"，使其起到指南作用的，正是卢卡先生的《数学大全》中所写的"27页"内容。

这本书里写到的，是在威尼斯商人之间广泛流传的"威尼斯式簿记"的基础上，加入了"佛罗伦萨式"的内容。对商人来说，成了非常可靠的"武器"。

商人记账的两个好处

在黑手党电影中，背叛者出现的时机，必定是"刚刚成功实施抢劫之后"。

争吵、背叛、同伙之间的分裂……这些必然发生在"抢了钱以后"。

这在会计界，可以看作是围绕"利润分配"产生的问题。

即使是在志同道合的"伙伴"之间，一起做生意的时候，也会发生各种各样的问题。其中最大的问题，就是围绕"利润分配"而产生的混乱。为了避免同伙之间分裂和争吵，就要好好地进行"结算"，将"利润"进行分配。

无论是黑手党的强盗也好，威尼斯的船员也好，还是佛罗伦萨的贸易商也好，只要合理地进行“结算”，合理地分配“利润”，就能避免纠纷。

当时，威尼斯的船员们每进行一次航行，就结算一次。

另一方面，定居后进行持续性贸易的佛罗伦萨商人，则随心所欲地进行着结算。

意大利的组织和行会以3年为限划分了长短不等的结算周期，实行到期后自动延续的制度。这种情况下，渐渐就出现了不是每年都进行结算的商人。

再说说结算时间。比如朋友之间，某人说“我要回老家了”。这种时候，就会一边为他开送别会，一边进行结算，确定至今为止的赢利，归还他出的本金，偿付与本金对应的赢利。

对于这些只在“必要的时候”才进行结算的懒散的商人，卢卡先生使他们了解到“每年都要认真进行结算比较好”。这才是友谊保持长久的秘诀。

学习簿记、记录正确的账簿有两个好处。

首先，它对外发挥着“证据”的作用。例如在交易发生问题的时候，如果每天都记账，就能作为证据提交给法院，也就能以保存下来的交易记录来和对方对抗。这样，就算不依靠公证人，也能减少对外纠纷。

其次，能够使赢利透明化。如果记录下每天的交易，就能了解这一时期的赢利。每年进行一次结算，然后使赢利公开透明，将赢利基于出资比例进行分配，能预防伙伴之间的决裂。这样一来，簿记对内也可以减少围绕“利润分配”而产生的问题。

以流通量和库存来表示“原因和结果”的财务报表

商人是各小城邦的集合体，同时也让在政治上并不安定的意大利各城邦变得热闹起来。

支持他们活动的是簿记无疑。簿记帮助商人摆脱了“以赢利为中心”的混乱。

原始的账簿中写有交易人的“人名”。就算不去公证人处签合约，也可以自己预先准确地记录“借、贷，卖出、买进”等，从而使其成为证据。后来，账簿中不仅出现了人名，还出现了“货物名称”。

然后，按照卢卡先生所教的，每天认真记录交易，再合计一年的账本，就可以计算出“一年之间的赢利”。这表示一段时间内的正、负流通情况。

另外，如果在结算日进行盘货，就可以知道以结算日为节点的“财产内容”，这就是库存情况。这一流通和库存情况就是财务报表的原型。

卢卡·帕乔利先生所做的，是总结整理了威尼斯商人和佛罗伦萨商人所使用的簿记技术，而并非发明了簿记。威尼斯、佛罗伦萨的商人也并非自己开发了账簿的技术，也有可能是从东方商人那里学到的这种方法。

原本，簿记就是一种无法说清“什么时候，在哪里，谁发明”的技术。它是由所有时代的商人努力完成的。

但是，从卢卡先生出版《数学大全》的1494年开始，簿记确实被“推广了开来”。从这一意义上来考虑，我们不妨将这一年称为“簿记元年”。

《数学大全》所写的“27页”的簿记内容，从意大利各城邦传播到了欧洲各国。在欧洲各地开办了许多以《数学大全》为教科书的“簿记课堂”。在那里，商人和孩子都踊跃地学习账簿的记录方法。

这段时期，所谓“数学的力量”，除了掌握“记账”技术之外别无其他了。

这并不是为了别的谁，而是“为了自己”所必需的技术。做了名为“账簿”的记录后，商人就能从纠纷中明哲保身，防止伙伴之间的决裂。

每天记账，在结算日盘货，从而制作流通的损益表（原因）和库存的负债资产表（结果）这两种财务报表——可以说这种架构的原型是在意大利完成的。

财务报表的基本：流通和库存

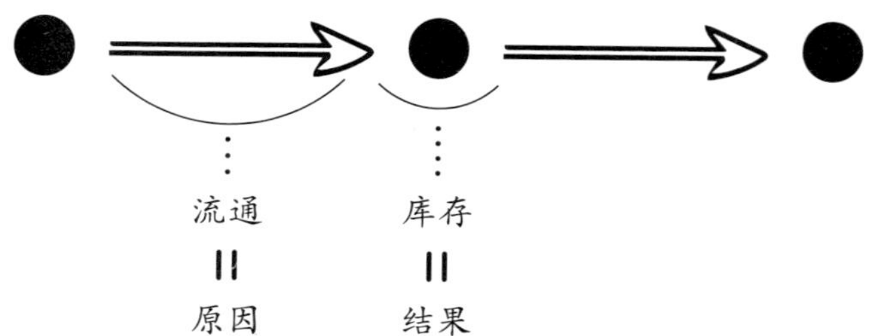

04 簿记革命和美第奇银行的终结

美第奇银行的破产

在《数学大全》出版的“簿记元年”1494年，发生了一起足以影响未来的大事件。

那就是美第奇银行的破产。

科西莫去世后，美第奇银行的经营经由其儿子皮耶罗，传承给了其孙子洛伦佐。

正如洛伦佐的外号“奢华之王”，他对佛罗伦萨的文艺复兴做出了许多贡献，将大量资金花费在援助艺术家和慈善事业上。但是，虽然大方，他并没有多少经营才能。他所继承的美第奇银行陷入经营困难，在他死后没多久就到了破产的地步。

为了让金库见底的美第奇银行能够实现资金周转，洛伦佐开始动用城市公款。

他的儿子也在应对攻入佛罗伦萨的法国军队时，做出了错误的判断。这一系列行为使市民失望，美第奇家族再一次被流放出了佛罗伦萨。

科西莫在银行业务起步时，从父亲那里得到的教诲“尽量在公众看不到的地方做生意”，完全没有传给这一对“奢华之王”父子。

“向国王和贵族放贷要留心”这样的教训明明还在耳旁回荡，美第奇银行的伦敦、布鲁日分行却向爱德华四世发放了巨大金额的贷款。由于这笔理所当然会被赖账的贷款，美第奇银行破产了。

这段时间内，来自美第奇银行本部的“监视”并没有起作用，各分行的掌管者为所欲为地做着贷款业务。

当然形式上还是在记账的，但仔细读其内容，本应把握经营状态、在出现赤字时做出适当应对的管理架构变得有名无实。

虽然簿记能保证记录的准确性，但可惜的是，它不能保证经营的合理性或经营者的商业才能。

科西莫时期，多亏他积累了不少知识和经验，账簿和分行管理的架构才能够发挥作用。如果没有像科西莫这样的人，这一架构就成了“形式主义”。

洛伦佐弄偏了美第奇银行的经营方向，这是其破产的原因。在那没落和动荡的时期，有实力的艺术家一个个离开了佛罗伦萨，文艺复兴渐渐走向下坡路。

美第奇银行在信用管理方面失败的理由

即便如此，为何美第奇银行伦敦和布鲁日这两个分行的掌管者明明预见到了赖账的危险性，还要追加放贷给英国国王爱德华四世呢？“信用管理的失败”背后有着不为人知的一面。

美第奇不单经营银行业务，还广泛涉及以羊毛织物的制造和贩卖为主的各种业务。之前已经说明过，它是一家“制造企业兼贸易公司兼银行”。

正巧从莱奥纳多·达·芬奇出生的15世纪后半叶开始，羊毛织物的交易量开始下跌。当时，羊毛织物产业是意大利的主要产业。特别是购买从英国进口的上等羊毛制造高级羊毛织物，曾是意大利北方的时兴产业。美第奇大部分的赢利也从中产生。此外，美第奇银行的客户也有很多是经营羊毛织物产业的。

购买作为原材料的英国羊毛变得困难，这对当时的意大利羊毛织物产业来说，可谓致命一击。英国觉悟到，仅靠羊毛的出口是没法赚钱的，于是改为自己制造羊毛织物。这样一来，向国外出口的羊毛就渐渐减少了。

因此，为了增加羊毛的进口量——哪怕增加一点点也好——美第奇的掌管者对爱德华四世做起了工作。作为无论如何都要准予羊毛交易的交换条件，英国国王要求美第奇银行给他们放贷。这样一来美第奇银行也就无法拒绝了。给国王的贷款规模一点点变大，并在最后被赖账。

也就是说，“英国欠债不还”这一意大利银行的不幸，经过100年再一次上演了。

我想，恐怕洛伦佐也曾后悔过，“要是认真学习资产负债表就好了”，可为时已晚。

前文已经阐述了，从羊毛织物向棉织物的转变催生了“纸”，它竟然还导致了美第奇银行的破产。

佛罗伦萨文艺复兴的落日

好不容易簿记知识广泛传播，这下该生意兴隆了吧，谁知道佛罗伦萨又陷入了混乱。

在“奢华之王”洛伦佐倒台期间，有一个人得到了市民的支持，那就是被称为宗教改革先驱的萨沃纳罗拉。

他以强有力的语调批判政治家的腐败和来自美第奇家族的独裁，呼吁恢复信仰。他的理念通过佛罗伦萨的印刷业持续不断地传播。当时的佛罗伦萨，萨沃纳罗拉的书远比《数学大全》要好卖得多。

不断变得激进的萨沃纳罗拉，最后也站在了教皇的对立面。

他终于被带往维琪奥宫钟塔中的小房间，被幽禁于此。

可笑的是，这间房间和科西莫曾被关押的房间是同一间。虽然科西莫免于处刑，逃离了这间房，但可惜的是，萨沃纳罗拉一走出这间房，就在眼前的希尼奥利亚广场被绞死，同时被处以火刑。

在莱奥纳多·达·芬奇回到故乡佛罗伦萨的1500年，美第奇银行刚刚破产，萨沃纳罗拉刚被处以火刑。由于这样的混乱，佛罗伦萨不断失去过去的光辉。

比谁都要爱自己的祖父、抱有复杂想法的父亲皮耶罗，还有母亲，他们已经全都离开了这个世界。莱奥纳多离开了混乱的佛罗伦萨，不断在罗马、米兰、巴黎流浪。路途中，他一直没有停止绘制在佛罗伦萨开始的《蒙娜丽莎》，这也许是因为他在《蒙娜丽莎》这幅画上寄托了“对于亡母的思念”吧。

最后，莱奥纳多·达·芬奇在巴黎这片土地上悄悄地落下了人生的帷幕。

《蒙娜丽莎》归路易十四所有，后被放置于罗浮宫美术馆。

就这样，佛罗伦萨文艺复兴巨匠莱奥纳多·达·芬奇最棒的杰作，并不在祖国意大利，而是在法国。

从中世纪到近代，欧洲主角的交替

“嫉妒就像是杂草，绝不能给它一点水。”

这是科西莫·美第奇的口头禅。

他上街时会选择朴素的服装，会留心给年长者让路，也从不为了显摆让一大群家臣跟在他后面。

但是，科西莫华丽的成功不可能不刺激到他的对手。

卢卡·帕乔利以《数学大全》《神圣比例学》的出版获得了巨大成功后，回到了故乡圣波克罗，却有了未曾想到的遭遇。修道士同伴告发“他应该悔过”，圣波克罗修道院院长请求剥夺卢卡被罗马教皇授予的特权和地位。

这多半是来自同行对他成功的巨大妒火。

莱奥纳多·达·芬奇的人生也伴随着许多嫉妒。

不容置疑的告发、阻挠他的竞争对手、自家人的背叛行为……

“德行产生的同时，在其对立面也诞生了嫉妒。”这句话就是他所说。

大概“嫉妒”这样的情感从中世纪到近代都未曾改变吧。

不管在怎样的世界，都有人会去嫉妒、妨碍人们进行新的挑战。

那些被嫉妒所驱使之辈（Jealous Guy）的内心深处也许会有“不想改变”的心理。

不论在哪个国家和社会，你越是落魄，越有更多的人抓住你的地位不放，嫉妒和阻挠也会增多。三人所面对的这无数的嫉妒，正是意大利的荣光已接近尾声的证据。在这之后，威尼斯和佛罗伦萨大势已去，从世界经济主角的王座上跌落了下来。

实际上，这段时期，我们也不用惋惜。《数学大全》出版的15世纪末期，不愿输给威尼斯而提高了造船和航海技术的对手发现了“新大陆”，或者说，是发现了“可以直接得到”东方商品的航海线路。

因此，世界中心开始离开地中海，主角替换成了西班牙、葡萄牙、荷兰。这是历史教科书从“中世纪”向“近代”翻过新篇章的重要时间点。

延伸阅读

1. 信用管理

考虑到对方的经济能力，判断“能借给他多少”，这就是信用管理。如果判断失误，给予太多贷款，会有无法收回资金的风险。不仅对银行，对做现金销售以及赊销的人来说，信用管理也是重要的课题。

2. 控股公司（Holding Company）

正如其名，控股公司指的是“拥有其他公司股票”的公司。控股公司一般持有旗下集团公司的股票。目前，仅持股而并不亲自管理事务就叫“纯粹控股公司”；还要亲自管理事务的就叫“混合控股公司”。根据两者的区别来看，美第奇控股公司是还要亲自管理事务的混合控股公司。

3. 无限责任和有限责任

关于向子公司出资，美第奇本部所持的态度是要约定为“无限责任”。

如果各子公司遭受巨大损失，本部美第奇也负有连带责任的话，那就是无限责任。不同于之后股份公司的“有限责任”，为同族背负着的无限责任，意味着当时组织的合伙关系具有强烈个人色彩。

4. 利润的分配

利润的分配中，最好理解的就是“分红”。分红仅在有赢利的情况下出现，赤字的情况不进行分配。也就是说出资者，即股东“仅在有赢利的情况下”才会得到分红。与之相对，银行（债权人）无论是赢利还是亏损时都要收取“利息”。资产负债表右侧的L（债权人）和E（股东），根据出资方式不同，其得到回报的方式也不尽相同。

5. 流通和库存

在中世纪的意大利，流通和库存的数字并不像现在一样准确。只不过中世纪，确实存在像“流通”（账本）“库存”（财产目录）这样的财务报表的原型。从这一点考虑的话，财务报表的历史可以说有700~800年了。

6. 宫殿、钟塔的小房间

本书中幽禁科西莫和萨沃纳罗拉的小房间，现在也真实存在着。它是位于著名的维琪奥宫钟塔中的一个小房间。这一建筑至今仍作为佛罗伦萨的市政厅使用着，可以参观。钟塔历经数百年的时间，一直在守护着佛罗伦萨的市民。

第3章

17世纪荷兰　公司变革

1995年，卢卡·帕乔利出版《数学大全》500年后，日本公认会计师考试中引入了“简答题”。因为是引进的第一年，可以从聚集在这里的考生脸上看到紧张的神色。

“开始！”考官的声音回响在考场中。

考生一齐打开了试卷。这时，他们被冻住的表情一模一样。

“答案请用阿拉伯数字书写。”

专心致志学习了簿记的“卢卡的弟子”，却无法区分“阿拉伯数字”和“罗马数字”。

“阿拉伯数字，是哪个呀……”

他们的动摇，哗啦一声成了波浪，在考场中扩散开来。

01 从以神为中心到以人为中心的时代

阿拉伯数字还是罗马数字？苦恼的卢卡弟子

这是现实中发生过的事情。

1995年，日本公认会计师考试中引入了“简答题”。

大家都以为是“用答题卡作答”，没想到打开封面后竟然是“手写作答”。

而且上面还写有“答案请用阿拉伯数字书写”的指示。

看到指示的考生们陷入了恐慌。

冷静想一下，“1、2、3、4”是阿拉伯数字，“Ⅰ、Ⅱ、Ⅲ、Ⅳ”是罗马数字，这种事应该还是知道的，但这可是“决定人生的时刻”，他们被紧张包围，脑中一片空白。

我所知道的就有两人，因为用罗马数字回答而不合格（是因为数字，还是因为不够努力，就不清楚了）。

阿拉伯数字，还是罗马数字呢？

卢卡·帕乔利如果知道这段未来的骚动，一定会苦笑一声。但这在他出版《数学大全》时，也是一个很大的问题。

从被神明支配的时代，到以人为中心的时代

《数学大全》出版后的欧洲，正处于急剧转变的时代。正值“中世纪”结束，紧接着“近代”的分水岭。从被神明支配的时代，到以人为中心的时代，这一转变的重要契机就是罗马数字向阿拉伯数字的过渡。

阿拉伯数字从印度经由阿拉伯传入欧洲，包含有印度发明的“零”的概念。阿拉伯数字来自憎恶的敌国，一开始欧洲人对它带有抵抗的情绪，但后来他们才意识到了它的便利性。

“这很好用！”

人们注意到，事物并不是由神来支配，其中含有自然的“法则”，人们开始研究“法则”，开始用阿拉伯数字计算所有的一切，变得能够用数字来思考。可以说，人们通过计算开始了科学之路。

至今，在欧洲所使用的罗马数字是没有“零”和“进位”的概念的。

比如说，“777”用罗马数字表示为“DCC LXX Ⅶ”。

仅仅是写数字就非常麻烦，加减法也很费劲，乘除法则更难。要说优点，仅仅有“看上去好看”和“复制起来很难”。

商人记账的时候，也厌烦了罗马数字。正巧，在那样的时期出版的《数学大全》中出现了另外一种数字，卢卡在记录账簿时，方便起见，推荐使用阿拉伯数字。在书中介绍的簿记里，包含了我们熟识的复式记账“借方”“贷方”。

当时还没有使用“=”和“+、−、×、÷”。恐怕就是因为“+、−”不存在，为了表现交易的两面性才使用了“借

方”“贷方”，一并记载。

中世纪末期，有所变化的不仅是数字。同一时期，拉丁语向口语转变。拉丁语是古罗马的公文用语。不能因为它是古老的语言就轻视它。它的影响范围极广。拉丁语并未止步于欧洲，中南美由于被使用拉丁语的西班牙所征服，被称为“拉丁美洲”。

《数学大全》中暗藏着两处“与罗马的诀别”

现在我们身边也留下了许多拉丁语，表示数字的“No.”是“Numero”的缩写，表示上午和下午的“am”“pm”是“ante meridiem”“post meridiem”的省略语，再来，“&”是拉丁语中“et”“@”“ad”的合并。仅是通过这些，就可以明白拉丁语是一种多么有影响力的语言了。

中世纪欧洲的神职人员和学者很喜欢拉丁语，很多专业书都是用“格调高雅”的拉丁语书写而成的。但是，这对没有耐性的市民、商人是一种太过死板的语言。比起拉丁语，他们更喜欢简单的口语。

中世纪末期，欧洲人使用着各种各样的语言，发展出了多样化的口语。

《数学大全》只有序言是拉丁语，正文的内容是用意大利口语写的。格调高雅的学者一方面感到不愉快，一方面接受了喜欢“乱七八糟语调”的商人。

《数学大全》有两处“与罗马的诀别”。

一处是数字，还有一处是语言。由于阿拉伯数字的普及，科学进步了。科学知识变成了用易懂的口语书写成的书籍，广泛地传播开来。

至此，对空间和时间进行各种计算成了可能。科学进入了新领域，诞生了航海图、大炮、绘画的远近法、音乐的五线谱等各种各样的发明。

这些发明在同一时期出现并非偶然，中世纪末阿拉伯数字的普及促使这些发明同时诞生。

将神支配着的世界夺回自己的手中——阿拉伯数字普及还有着这样的一面。

“簿记”是阿拉伯数字普及后的结果。如果说五线谱是将无形的音乐可视化的技术，那簿记就是将“赢利”可视化的技术。一定是因为有可以记录曲调的五线谱出现，音乐才得以发展；一定是因为簿记诞生，做生意才能变容易。

文艺复兴时期盛行的“女巫审判”

中世纪末，与科学的进步相反，天主教会的权力正在一点点被剥削。从神的时代到人的时代——这一过渡意味着教会正在失去权威。

在科学刚开始发展的时期，“女巫审判”现象不断增多。

女巫审判本来是对天主教背叛者的镇压，后来向异己分子审问发展。在镇压异己分子方面，“经验丰富”的天主教会将饥饿、自然灾害、不孕和疾病等所有的灾害和不幸都归结于女巫的过错。女巫如果被抓捕，会经历残酷拷问，最后被处以火刑。

当科学发展、追求美的文艺复兴运动正盛行的时候，“女巫审判”现象增多是多么不可思议的事情啊！催生出美丽的雕刻和绘画的文艺复兴，难道不仅“重生”了人们追求美好之心，连嫉妒与残酷之心也“重生”了吗？

女巫审判虽然还残存着，但从神的时代向人的时代进发的步伐，缓慢而坚实地向前。

在卢卡·帕乔利的《数学大全》问世的同一时期，以阿拉伯数字普及为背景，印度航线的发现改变了世界历史。

葡萄牙的瓦斯科·达·伽马[1]在历经探险后，绕过非洲南端的好望角，发现了直通印度的新航路。造船技术、航海图、指南针的革新，还有船员的勇气所带来的大航海时代开始了。这样一来，就算不经过威尼斯，也可以直接探访印度进行交易了。

发现新航线以后，威尼斯桨帆船的身影一点点地从地中海上消失了。

取而代之的，是葡萄牙和西班牙的船。它们逐渐成了海上的主角。

但是，本书中的“下一位主角”并不是这两个强国——竟然是“荷兰”。

16世纪的荷兰曾处于西班牙的统治下，但由于宗教改革，荷兰新教徒逐渐增多。对此，作为天主教支持者的西班牙国王腓力二世，反复对异己分子进行审问和激进镇压，为抵抗这一镇压，荷兰新教徒发起了“独立战争”。

1 瓦斯科·达·伽马（Vasco da Gama）：约1460—1524年，葡萄牙人，探险家、航海家，发现了从欧洲经由非洲南端通往印度的新航线。

经过白热化战争，取得胜利的北方七州宣布了荷兰共和国（尼德兰联省共和国）的独立。

在获得了自由的新教之国荷兰，商人不论宗教，从欧洲蜂拥而至。

意大利开始出现粮食不足的问题，荷兰就孜孜不倦地从波罗的海沿岸，向意大利运送粮食。他们将阿姆斯特丹作为中转地，既是“贸易（进货、销售行业）从业者”，又是拥有船舶进行运送的“海运从业者”——它控制着进货、销售、运送所有环节，举例来说就是“近代的Amazon.com”。

通过欧洲近海贸易赚了钱的荷兰，最后还闯入了由西班牙、葡萄牙所独占的东印度航线。商人之国荷兰靠“新奇想法”筹措了资金，贸易逐渐走向成功。

16世纪的大航海时代，近代大门打开取代了中世纪，“股份公司”终于登场了。

02 伦勃朗与荷兰的荣光

闻名莱顿的“面粉铺家的儿子”

“面粉铺家的儿子很厉害。”

探访荷兰莱顿的美术评论家听到了这样的传闻。

传闻中的“面粉铺家的儿子”，他的名字叫伦勃朗[1]。

他的好评在城市中四起。大家猜测伦勃朗拥有了不得的才能。

每当听到这些传闻，伦勃朗的父母都会忘记曾经对儿子的未来有过绝望，体会着这份喜悦。

伦勃朗出生时的1606年，正值莱顿和西班牙的独立战争。

父亲是新教徒，母亲是天主教徒，但家庭内部没有发生严重的矛盾。他是面粉铺家出生的第九个儿子。

他出生的三年后，经过长久的战争，包含莱顿在内的北方七州实现了独立。

在沸腾着喜悦之情的市民的喧闹中，为了纪念莱顿在西班牙的侵略中取得胜利，建立了莱顿大学。伦勃朗长大后也被名校莱顿大学录取入学。

但是他没有融入这所历史名校，数月后就退学了。

父母为他这么快就退学感到非常惋惜。

“我们的孩子会变成什么样啊？”

他们一边被不安包围着，一边决定相信想要画画的儿子。绘画之于当时的荷兰——至少比起21世纪来说——是一种更能挣到钱的职业。

从西班牙独立出来的荷兰，是以新教徒为主的商人之国。新教认为劳动和赚钱反倒是好事，这和不允许以劳动赚钱的天主教不同。尤其是在荷兰人数较多的加尔文派鼓励工作，认为这是通往救赎之路，“勤于经商、赚钱”都会被嘉奖。

1 伦勃朗·哈尔曼松·凡·莱茵（Rembrandt Harmenszoon Van Rijn）：1606—1669年，荷兰人，被称为“光之画家”，是代表巴洛克时代的艺术家。

荷兰对其他宗教也比较宽容，聚集了不少商人，其中就有犹太人的身影。因为宗教的宽容，人们开始将追求赚钱的精神需求摆到了台面上。

在宗教改革中新教反对不劳而获，天主教一边劝诫人们清贫，自己却收了充足的捐款，用华丽的装饰品和画作装饰教堂，后来甚至开始贩卖“付钱就会被救赎”这样的免罪符。新教徒发出了愤怒的呼声，一部分信徒开始破坏天主教堂华美的装饰品。对他们来说，华美装饰着的教堂才理应被指责。

天主教堂中华丽的彩色玻璃和巨大的壁画，在新教教堂中是不存在的。

以荷兰为首，新教教堂非常朴素。

这些宗教矛盾，对荷兰画家的人生也产生了巨大的影响。意大利的画家能接到“天主教堂”画作和壁画的订单，但在荷兰没有这样的资助者。

那荷兰的画家都接到了谁的订单呢？新的委托方，是富裕的市民。

比如说赚到钱、成功了的商人向画家订购一幅“肖像画”。请有名的画家为自己画肖像，对商人来说是一种勋章。

年轻的伦勃朗也接到了来自商人的大量订单。“面粉铺家的儿子”在莱顿的传说愈演愈烈之时，为求进一步的成功，他决定以阿姆斯特丹为目标。

阿姆斯特丹产生的良好循环

关于“荷兰商人”这个说法，诗人海涅留下了讽刺的评论：“这是一种同义反复，因为所有荷兰人都是商人。”

商人开始从欧洲中部向荷兰聚集，阿姆斯特丹的人口急剧增加。在西班牙的独立战争中，荷兰北方获得了胜利，而另一方面，西班牙仍统治着南方（后来的比利时）。从南方“晚一步逃出”的商人也都将阿姆斯特丹作为目标。

不仅是新教徒和天主教徒，犹太教徒也被允许共存，因为这样宽容的态度，商人开始从欧洲中部向阿姆斯特丹聚集。这么一来，这里就汇集了大量信息。许多运送谷物、香料、丝绸、皮革等的船舶所带来的信息对商人来说非常宝贵。

于阿姆斯特丹产生的良好循环

商人和信息聚集起来，这里就会进行许多交易，形成了“市场”（market）。形成了市场，为寻求交易，还会有更多人聚集过来。

阿姆斯特丹产生了“人→信息→市场→人→……”这样的循环，提升了荷兰的经济，阿姆斯特丹忽然成了仅次于伦敦、巴黎的欧洲大城市。

阿姆斯特丹的市场，不仅会公布关于这一交易的收盘价格，还会显示各类商品的价格成交表（price list）——这是商人梦寐以求的信息。阿姆斯特丹不仅是物理意义上的交易所，它还向商人公布价格，市场的价值水涨船高。

变化的绘画买主和“市场”

伦勃朗在阿姆斯特丹的名声也渐渐被人所知。不仅是买主，自愿成为他弟子的人也增多了。在经济形势大好的阿姆斯特丹，伦勃朗的成功跟随着城市的步伐。这一时期他的代表作是《夜巡》。

《夜巡》是警卫队小组委托他画的“集体肖像画”。

在独立战争后的荷兰，有一群男人自己出钱购买武器，不收取报酬担当警卫。《夜巡》就是描绘这群人的集体肖像画。他们以大家均摊（AA制）的形式向画家下了订单。

集体肖像画的买主期望被“平等地”画出来，但是伦勃朗的《夜巡》没有符合这样的期待。他大胆地运用“光与影”，被表现出来的18人，一大半人的表情在微光下被遮挡，看得不是非常清晰。

这幅画在艺术方面得到的评价非常高，但“被画在后方阴影里的”买主非常不满。

伦勃朗像这样不遵照买主的意向所画的画，非常多，而且不遵守约定时间的情况也很多。当时的荷兰绘画界稍稍有些争议。

这一时期的荷兰围绕着“美术品的商业化”开始发生了一些变化。

一个是“绘画的小型化”。荷兰市民喜欢用画作装饰自己的家。

用来装饰家里的画作，尺寸必然小。这时画家开始画的，就不是教堂里巨幅的壁画了，而是装饰市民家的小画。

绘画的主题也不是神话和《圣经》中宏伟的故事，漫不经心的风景、花和水果开始变得受欢迎。这一时期的荷兰诞生了小巧玲珑的风景画和静物画。

画家开始将绘画作为“市场交易的财产”而进行创作。

此前的绘画，曾是接到教会和君主订单后绘制的订货财产。随着荷兰市民成为买主，绘画作为市场交易品的性质变强了。

用服装来举例，它是一个从订购生产到成品生产的转变。对画家来说，市场直觉也变得非常必要。不是画自己想画的作品，而是必须画顾客所期望的画作。

在这样去迎合创作、环境渐渐变得商业化的过程中，伦勃朗没能顺应这股潮流。《夜巡》以后，他的人生逐渐蒙上了一层悲剧的色彩。

在市场中被交易的绘画、郁金香与股份

荷兰商人不仅使市场得到了发展，还将绘画变成了市场交易的财产。

这一时期还有一种市场交易财产的出现，在历史上留下了一笔——郁金香。

荷兰人喜欢用郁金香装饰庭院，并因此感受到幸福。这时，莱顿大学的卢克修斯教授研发出“珍稀颜色”的球根，它令人们陷入狂热。爱好者们蜂拥而至，珍稀颜色的郁金香球根被赋予了很高的价值。终于，郁金香因为市场操作价格上升，出现了世界上最初的“郁金香泡沫”。

越后屋三越

荷兰绘画从订购生产向成品转变的时候，在相距甚远的日本也发生着同样的事情。1673年，于江户日本桥开业的“越后屋”贩卖着“现成”和服，而不是从前的订购品。因此节省了中间费用，使低价成为可能。虽然现代的三越作为高级百货店非常有名，但原本是以低价取胜。

郁金香泡沫的背后，暗藏着新教徒天性节俭的精神。

新教徒厌恶炫耀富裕的生活方式。生活中不会将家里装饰得非常豪华，而是放置一些小型绘画和花朵——他们的生活和思考方式中暗含着对天主教的抗争。

正是讨厌“华美”到了去毁坏教堂装饰品的程度的新教

徒，才使得郁金香泡沫化，这只能说是一种非常讽刺的不幸。

郁金香球根的价格疯狂上涨，但1638年，因为政府的介入等等许多因素，郁金香的价格突然暴跌，郁金香泡沫迎来了终结。

荷兰发生这起郁金香泡沫后，世界上的很多地点、很多东西都发生过许多次“泡沫”。日本的房产、美国的次贷证券、近年来的比特币等虚拟货币……这些泡沫经济都像卢克修斯教授的“珍稀颜色郁金香”，多发生在新技术出现后。

这时的荷兰，有一种不逊色于郁金香、成了超级热门的市场交易财产——“股份”。没有它，本书的内容就无法推进。

1602年，东印度公司在荷兰成立。这家东印度公司被称为“世界上最初的股份公司”，它的股东可以在交易所出售自己所持有的股份。

阿姆斯特丹的这家交易所被认为是“世界上最初的证券交易所”。

讲股份公司和证券交易所的历史前，我们先从一艘荷兰船漂到日本的故事开始。

名为“慈爱”（Liefde）的荷兰船，没能得到神的慈爱，在漂流的最后，于1600年到达了日本丰后。

03 诞生于荷兰的股份公司和陌生人股东

漂到日本的荷兰船

1600年，荷兰的慈爱号漂到了丰后（大分县）的臼杵湾。

船员杨·约斯汀和威廉·亚当斯被叫到大阪，觐见德川家康。

德川家康虽然对基督教和天主教非常戒备，但从荷兰人杨·约斯汀那里听闻“荷兰人曾和天主教战斗”，而且理解了他们比起传教而言，对“生意”更感兴趣，就允许他们长期出岛经商。

杨·约斯汀和威廉·亚当斯成了德川家康的心头好。杨·约斯汀成了八重洲这个地名的来源，威廉·亚当斯改名三浦按针留在了日本——这些成了日本史的一部分。

让我们站在荷兰的角度看看这件事的经过。

促使慈爱号从荷兰向东方出发的，是荷兰的鹿特丹公司。

起航时为5艘，从荷兰出发的时间是1598年。

船队的航行非常不幸。被西班牙逮住、被葡萄牙杀掉了船员、沉船和行踪不明……最后，5艘船只有慈爱号到达了“不是目的地”的日本。这是一次多么悲惨的航行，但这就是航海的现实。

当时的荷兰，有一群即便面对种种危险却仍然以东方为目标的雷兹卡尔。对他们而言，危险不仅来自大自然。对荷兰船只来说，先一步进出东方的西班牙和葡萄牙是巨大的威胁。实际上，和慈爱号一起起航的其他船只就是被这两个国家干掉的。

荷兰在思考如何战胜西班牙和葡萄牙。

不仅是这两个国家，相比之下关系稍微缓和的对手英国也开始将目光转向东印度贸易。

为了战胜他们，荷兰参与了一场大型对决——1602年“东印度公司”的成立。

荷兰考虑，像现在这样的小型公司“船起航就会沉没”，这样的事情重复再多次也是无用功。那就花更多的钱，制造安全且配备大炮的强有力船只，干掉西班牙和葡萄牙。不仅要让船只往返航行，还要在印度当地设立据点，从此开展大规模的贸易。

为了将这些变为现实，必须聚集大量资金。更何况组织大型船队、设立当地据点需要长期性地筹措资金。

为此筹备的组织就是荷兰的“东印度公司”（Vereenigde Oostlndische Compagnie，简称VOC）。东印度公司中的Vereenigde是“联合”的意思，它由七家公司合并而成。

稍早一些时候，英国东印度公司就成立了。只是这家公司的资金规模比荷兰小，是每次航行都要筹措资金的“活期存款式企业”。

不甘示弱的荷兰曾经观望过英国的东印度公司，荷兰以远大于英国的资本金规模，成立了荷兰的东印度公司，它被称为世界上首家股份公司。

陌生人在阿姆斯特丹

意大利也是如此，随着船舶贸易变为内陆贸易，组织从“活期性企业向持续性企业”变化。

东印度公司在荷兰曾是小规模的活期性企业，但VOC在印度设立据点，慢慢开始向持续性企业转变，进行经营活动。VOC不仅在印度各地设立据点，还设置军队，进行货币铸造。比起被称为公司，VOC被叫作“国家”更合适一些。

组建了大型船队、建造了大量牢固船只、修建气派据点的VOC必须“长期性地筹措巨额资金”。这时VOC决定在资金筹措上迈出一步，从陌生人那里筹钱。

在威尼斯和佛罗伦萨的组织中，出资的是家族和亲属（family）或是朋友（company），但VOC的股票从“陌生人”（stranger）那里集资。

这时就出现了“陌生人股东”。

陌生人股东加入出资者，经营结构发生了很大的变化。

陌生人和家人、朋友不同，与经营者之间没有个人关联。在“所有权和经营权分离”的基础上，他们是希望得到“赢利”而进行投资的。

为了使他们得到满足，需要保证以下两点：

- 准确计算业务的赢利。
- 根据出资比例分配赢利的份额。

资产负债表右下方出现了股东

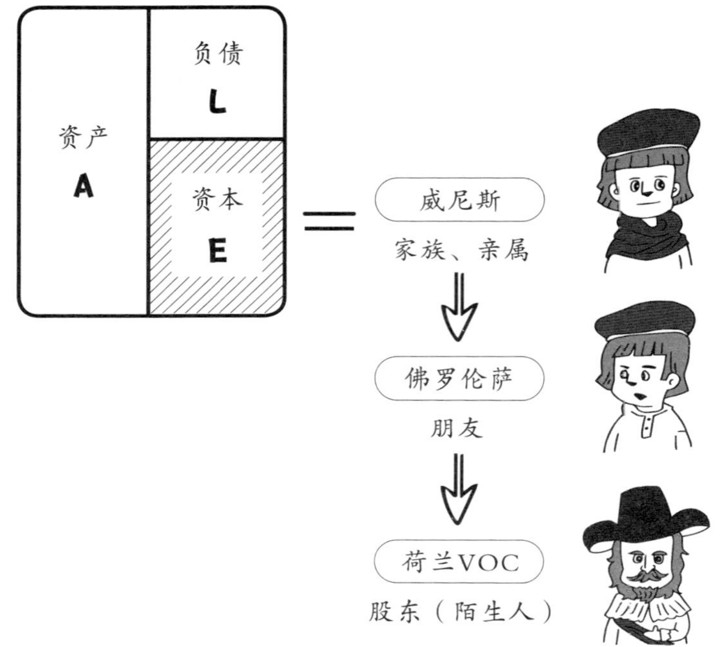

首先，为了准确计算业务的赢利，必须有簿记。为了将所有的交易都记录到账簿中，VOC很早就引入了复式簿记。

商人之国荷兰，有许多人都在学习簿记。《数学大全》中簿记相关的内容被翻译成了荷兰文（荷兰人是否付过著作权费尚不明了）。

对想要好好做生意的新教徒来说，特别是加尔文派，簿记非常符合他们的特性。正是在这样的背景下，复式簿记才会被引入VOC。

如果根据记下的账计算业务的赢利，就能根据出资比向股东分配赢利。

既然从陌生人股东那里拿到了资金，正确的计算和分配就是最低限度的责任。

其中，面向陌生人的赢利报告（Account for）是“会计”（Accouting）的词源。得到了资金的经营者向提供了资金的股东进行报告（说明）——这是会计的起源。

会计的起源是Account for

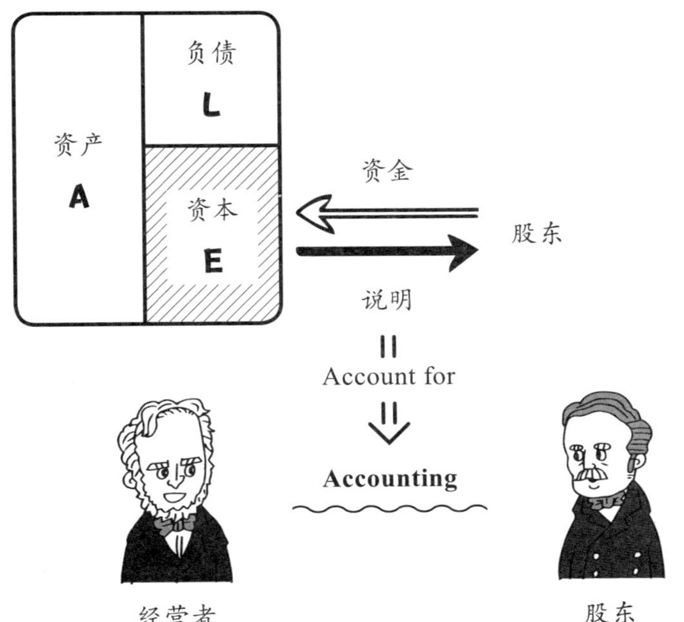

拥有狂热人气的VOC股份

无论在安全方面考虑得多么周到，无论在船上装了多少大炮，远洋航海还是“高风险、高回报”的行业。VOC买卖的船如果能够安全回来就能大赚一笔，但相反，船沉没了就会蒙受巨大的损失。也有可能无法归还借来的资金。如果股东承担这一损失，人们会非常害怕，从而不会购入股份。

VOC考虑到，以这样的“无限责任”来募集事业的出资非常困难，就为股东准备了“有限责任”（limited）制度。

出现损失，也不会要求股东负担超出本金的部分，这就是“有限责任”。从股东的角度来说，即使VOC彻底失败，股东的结局也不过是“出资金额归零”，不会被要求负担超出的部分。

回报上不封顶，而另一方面风险有限，这非常吸引出资者。由于采用了有限责任制，VOC的股票极具人气。VOC募集到了资金，创建了“所有权和经营权分离”的体制。

因此，VOC才被称为股份公司的源头。

可以转卖股票的市场，让VOC的股票变得更受欢迎。

VOC为股东准备了可以将自己的股份卖给其他股东的市场（证券交易所）。股东除了能分配公司赢利而得到的“分红”（收入利益）之外，还可以选择卖掉股票来赚钱，这被称为“卖出收益”（资本收益）。

股东可以自由选择是长期地持有股票得到分红，还是卖出股票得到收益。

◎启用有限责任制度从股东处筹措资金

◎用簿记正确地计算赢利给股东分红（收入利益）

◎准备可以出售股份的证券交易所（资本收益）

因为创造了陌生人股东能够安心投资的环境，荷兰VOC才得以长期地筹措到巨额资金。

这也是我们所熟知的“股份公司+证券交易所”的开端。

04 短命的荷兰黄金时代

VOC的光荣与落魄

有一家有名的家具公司叫作IKEA（宜家），许多人认为IKEA是瑞典公司，但不是这样。

IKEA是荷兰的非公开企业。的确，它发祥于瑞典，但是现在将本部转移到了荷兰。在欧洲，荷兰也算得上是法人税负担比较轻、比较“宽容”的国家。因此，许多跨国企业将登记意义上的总公司设置在荷兰。

战斗的对手，要互相斗争到底，但是生意上的对手，要向其提出有利条件将它诱导到自己国家——这种令人难以招架的战略，是荷兰的传统。

从在江户时代荷兰被允许在日本做生意这一事实来看，也能感受到荷兰的不好对付。

意大利伴随着中世纪的结束而没落，替代它新登场的荷兰打着“宽容”的旗号，一跃成为欧洲的主角。

荷兰黄金时期（Dutch Golden Age）的主角就是VOC。“簿记”“股份公司”“证券交易所”支撑着VOC的成功。

向中世纪天主教造反的新教徒并未停留在反抗层面，更是通过孕育出新经济结构打开了新世纪的大门。

VOC将宿敌西班牙和葡萄牙驱逐出了东印度海域，最后独占了香料市场，大赚了一笔。带着荣光的VOC却在18世纪末欠下巨额债务，在资金操作上陷入困境，于1799年破产。

VOC落魄的转折点是英荷战争，从亚洲装来货物的荷兰船舶接连被英国海军抓捕。

确实也有这一因素，但是从VOC自身来看，它也透露着失败的征兆。

如果要列举主要原因的话，如下所示：

① 粗糙的会计计算和报告：未成熟的会计制度；

② 给予股东过多分红：内部保留的不足与借入性质；

③ 对不正当行为和偷盗的大意：管理不足。

VOC落魄的理由

首先关于①VOC确实引入了复式簿记，但非常原始，对各商品的赢利完全不清楚。

“不清楚哪一个商品赢利多少”，在这种状态下无法进行正确的判断。经营者会错过畅销品，使得赢利不断减少。没有准确的会计报告，也完全没有进行监管，股东非常愤怒。

接下来是②给予股东过多的分红。VOC每隔数年就会进行结算，虽说不定期但是会给出分红。这一分红没有经过确切的计算，多半过于慷慨。VOC的内部保留不够充足。

如果出现了超出股东出资部分的赢利，就可以进行分红。但是分红终归有上限，如果将其全部进行分红，公司的资本就不会增加。如果想扩大事业，就必须留存一部分赢利作为内部保留。

VOC在分红上过于慷慨，导致本金不足，不得不依赖于借款。关于“应该以何种程度进行内部保留”这一点，账本并没有告诉我们。

最后是③对不正当行为和偷盗的管理疏忽。

在风险极高的远洋航海中，这与“不顾性命的鲁莽汉”有关。即使对他们说“不允许偷窃商品”，他们也不怎么能听进去。在VOC的航行中，挪用公款和船员偷盗商品接连不断地发生。VOC一点都没有进行管理。

最终，粗糙的会计经营、不充足的经营信息、职员的道德观念低下，这几点综合起来，VOC丢失了股东的信任，走向破产。VOC虽然成功筹措了资金，但是在运营方面并没有获得成功。

因为有限责任、分红、证券市场这些因素，VOC从股东那里“筹措”到了巨额的资金，但是它欠缺在生意中“运用”资金、使其增长的能力。

被错过的人气商品的变迁

VOC优秀的经营者很少，又由于粗糙的会计记录，看错了商品的热销变化，结束了200年的经营。

如果我们看一下VOC失败的“三个原因”，就能发现这之后的会计制度和理论都是为了克服这三点发展而来的。

具体来说就是如下几点：①粗糙的会计计算和报告的改善，充实财务会计和管理会计。应对②给予股东过多的分红，出现了股东投资款返还的合作金融理论。另外，作为对③不正当行为和偷盗的管理疏忽的反省，加强了企业管理。

时价发行增资

我们看到，在阿姆斯特丹的证券交易所中，VOC的股票价格上涨了不少。如果在这时实行“时价发行增资”，就能得到巨额的资金。但是VOC并没有这样做，还是一贯地通过借款进行资金筹措。在簿记终于推广开来的当时，还想不到时价发行增资。

① 粗糙的会计计算和报告→财务会计制度的改善和管理会计机能的充实；

② 给予股东过多的分红→构建合作金融理论；

③ 对不正当行为和偷盗的检查管理疏忽→企业管理的加强。

这样看来，“VOC的失败”与之后的会计制度和理论的发展有着匪浅的关联。其中，VOC在“看清热销商品”方面有着重大的失败，管理会计中的“充实业务信息”就与这一教训紧密相关。

VOC的利润在逐渐降低，很大程度上是由于他们主营商品“香料、茶、白砂糖”价格的下跌。价格下跌的商品只能以量取胜，但是交易量的增加会伴随运输和保管费的增加，当时并没有人来计算每一件商品总体的盈亏情况。

VOC一方面执着于利润率下降的香料，另一方面错失了从17世纪后半叶开始“向丝绸和棉织物转变”的趋势，这一领域被英国人捷足先登。

上面所说的这些情况成了英荷战争之前，荷兰对英国“生意场上失败”的决定性因素。

伦勃朗令人心酸的资产负债表

荷兰的黄金时期17世纪又被称为“伦勃朗世纪”。

这两者中的无论哪一个，好日子都非常短暂。

伦勃朗发表《夜巡》之后，妻子和女儿不幸死亡。即便是为了照顾仅存的一个儿子而请的乳母，伦勃朗也与其发生了纠纷，怎么都无法得到一个幸福的家庭。由于有浪费的陋习，伦勃朗非常穷困，后半生被法院宣告破产。

破产时法院所制作的伦勃朗的财产目录（资产负债表），记载了他所拥有的数件收藏品。从这一记录中我们可以了解到他作为艺术家的爱好有多广泛，但经由破产这样的不幸向后世传达这些信息，是多么可悲啊！

伦勃朗的收藏品以一文不值的价钱被人压价购买。

伦勃朗在阿姆斯特丹画完《夜巡》后的全盛时期，他的财产达到了4万荷兰盾。将其放到现在，相当于百万人民币级别的资产，是非常大的金额。

但是在完成《夜巡》之后，情况急转直下，他的晚年生活不太如意。他的落寞，与荷兰经济的没落也有着很大的关系。伦勃朗还对船舶进行了投资，投资产生的损失一定是用借款来填补的。

金钱与名誉都没能得到眷顾，人生的后半段悲剧向他袭来。他最爱的儿子提图斯在27岁时去世了，泄了气的伦勃朗似乎是追随着儿子一般，在第二年，63岁时结束了自己的一生。

到了人生的后半段，无论是金钱、家庭还是事业，都没能受到眷顾，伦勃朗成了失去了自己容身之处的男人。

这样的他，在其最后的时日里也还是留下了绝佳的画作。其中，《浪子回头》可以称为杰作中的杰作。

如果用自古以来众多画家会选择的题材来描绘这幅画，那就是以“身无分文回到家中的浪子，以及并未责怪他而以拥抱相迎的父亲”为主题。

伦勃朗在这幅画上寄托了怎样的情感呢?

是对温暖守护了自己的父亲表达感谢，还是对没能予以关爱的儿子表达思念呢?

这幅画中，有他年轻时的画作里未曾见过的柔和笔触，充满了祥和。

真正的平和只有经历过痛苦回忆的人才能够感悟。

但愿他在天堂也能被温柔的光芒包围——我不禁想要这样为他祈祷。

延伸阅读

1. 四则运算符号

四则运算符号的历史短暂得出人意料，普遍使用运算符号是在莱奥纳多·达·芬奇去世后的事，四则运算普及于15世纪至17世纪。

2. 加尔文派

说起宗教改革，德国的马丁·路德非常有名，另一个非常有势力的派别就是加尔文派。由于受到新教的镇压，转移至瑞士的加尔文派以禁欲为宗旨，以排除奢侈和娱乐的姿态执政。因此城市治安好转，财政情况也有所改善，得到了百姓极大的支持。

3. 光与影

在17世纪的荷兰，画家画了许多风景画，光与影美妙的对比引人注目。荷兰是低地国家，在面向大海无边无际延伸开的地平线上，水蒸气扩散了空气中的光线，缓和了远处的轮廓。这种描绘了荷兰“美丽的光与影”的风景画，对以英国透纳为首的画家产生了很大的影响。

4. 杨 · 约斯汀

杨 · 约斯汀和日本女性结婚，住在江户城附近。杨 · 约斯汀的日文名“耶杨子”（Yayosu），按照当地发音被叫作八重洲，他住过的地方就用这个名字命名。现在的八重洲地下街，放置着他的铜像。

5. 英国东印度公司

虽然英国的东印度公司在商业上败给了荷兰，但在市场营销上收获了巨大的成功。他们提出了“在茶里放入糖和牛奶后饮用”这样可能会令中国人晕倒的喝法，向英国人推广了红茶。传说英国人是因此才变得喜欢喝茶的。

6. 所有权与经营权的分离

在股份公司规模很小的情况下，所有权和经营权一致，也就是说很多时候出资者兼任老板（这称为个人独资企业）。但是“仅仅用自己的钱做生意”，会随着生意规模的变大而渐渐变难，因此才会通过外部股东筹集大规模资金。

7. 登记意义上的总公司

就算是最近的国际化大公司，也会为了“减轻法人税的负担”而将登记意义上的总公司转移到税率较低的国家，这样的例子非常引人注目。这种情况下，各国开始了招商战争。法人税非常高，企业就会“逃跑”。

8. 内部保留

它与资产负债表中所说的“利润盈余”相同（参照第1章图表）。比起筹措的金额，在目前的运营资产更多的情况下，与其差额相当的“增加资产”就是内部保留。内部保留说到底就是“资产”的增加，并不是与之相当的“现金”被保留下来。

第一部分的结语

到这里第一部分就结束了。

各位，辛苦了。

第一部分是一次从莱奥纳多·达·芬奇出生的中世纪意大利，到近代荷兰的巡游之旅。

应该有很多人对于银行的祖先Banco和簿记起源于意大利，还有股份公司的根源在荷兰而感到很惊讶吧。

没错，如果说到当时欧洲的中心，那就是意大利和荷兰。

还有一点，这第一部分“隐藏的主人公”是“纸”。

银行发起的汇票也好，商人所记录的账本也好，还有VOC股票也是，这些都是因为“纸”才得以存在。这么说来，活字印刷术使《圣经》普及也是宗教改革的一个重要契机。

纸的普及引发了文艺复兴，500年后，我们生活在数字时代，报纸和书籍也在数字化，这或许是“文艺复兴”以来的最大转变期。

好了，旅行还会继续。

敬请期待接下来的旅途。

第二部分

财务会计的历史

第4章

19世纪英国　利润革命

凌晨，布丁巷的民居中发出一阵骚乱。

火从位于伦敦一条小路上的面包店开始燃起来。

人们以为就是平时那样的小火灾而并不担心，在火焰被强风扇动后蔓延至泰晤士河，转移到了河岸的仓库周围时，才意识到此次火灾的严重性。

“这和平时不一样。大事不好了啊！”

这时正是雨水少的干燥时期，通红的火焰一瞬间吞噬了伦敦的街道。

由于这场火灾，街道中的历史建筑基本上都消失了，烧塌的房子超过1万户。

这就是1666年的“伦敦大火”。这场大型火灾连续燃烧了一周，伦敦几乎遍地都成了被火烧过的原野。

01 从“石块”的活用跃至世界列强的英国

伦敦大火的纵火魔是谁

在“伦敦大火”发生前，市民就因“1666年”不吉利而感到恐慌。

在基督教中“666”是不吉利的数字（电影《凶兆》中登场的恶魔之子达米安身上有666的印记）。不吉利的预感成了现实，市民吓得发抖。

这时市民没有进行“女巫审判”，而是开始“搜查纵火魔”。由于起火点的面包房不承认是自己的过失，“难道是有放火的人吗”，人们的疑问沸腾了起来。

荷兰人一开始被怀疑为“纵火犯”。

原本关系友好的英国与荷兰，由于东印度公司产生的矛盾而关系不和，刚好在火灾发生的数月前爆发了第二次英荷战争。也因为此前英国人对荷兰领地的仓库和房屋进行过火攻，从而流传着“这一定是荷兰人的报复”。

除他们之外，被流传为犯人的还有天主教徒。被清教徒迫害的天主教徒因为报复而纵火，具有非常高的可信度。清教徒将没有犯罪的天主教徒，特别是天主教徒中非常多的爱尔兰人视为犯人，甚至到了实施暴力的地步，骚乱四起。

除此之外还有多种多样关于犯人的猜测，但最后也没能找到“犯人”，只以火灾是由面包房小火蔓延开来的这个结论盖棺论定。

焦土化的伦敦，立即就开始了街道的再建。

为了今后不再遭受火灾的侵害，街道的建筑物基本以石头或砖头建造。

从木造到石、砖造，显然这是为了预防火灾，但还有一个缘由就是当时英国“木材不足”。

16世纪开始森林面积减少，木材严重不足，英国颁布了砍伐树木的禁令。“木材不足”对将木材和薪炭作为燃料的造铁、金属以及玻璃等产业有着很大的影响。市民无法在寒冷的家中取暖，造船用的木材不足也是一个国防问题。木材不足对英国来说，是经济、政治、生活全方位的大危机。

如果英国无法越过这一障碍，它将止步于欧洲一个“北方的小国家”。但是它克服了木材不足这一危机，成了全球大国。成为其契机的就是英国发现了代替木材的燃料“煤炭”，煤炭被称为黑色钻石，引导英国成为欧洲主人公。

在墙的一侧放置暖壶，黑烟从烟囱排出屋外

人类发现可燃的石头“煤炭”，据说是在3000年前的中国。但是欧洲人启用煤炭，是从16世纪的英国开始的。

由于木材和薪炭不足而感到困扰的英国人注意到煤炭拥有压倒性的火力。

“可以用这个！”他们开始将煤炭作为工业燃料使用，进而开始将其用于制造寒冷住宅需要的暖气。这种情况下，必须想办法解决从煤炭中冒出的黑烟。如果像之前一样把炉子放在房间中央，煤炭的烟会把房间熏得漆黑。

因此英国人想到，把炉子从房间的正中央移动到墙边，在那里装一个烟囱，将烟排出屋外。英国开始将煤炭用于取暖，用石头或砖头建房子、在墙的一侧放置暖炉的房屋样式变得多了起来。

英国人虽然将煤炭用于取暖，但没有把它用在烹饪上。如果他们想到将煤炭的火力用在烹饪上，英国菜就能像中国菜一样迈向“美味料理之路”了。没有想到这一点的英国被揶揄，除了“炸鱼和薯条”之外什么都没有，非常可惜。

改变英国历史的发明：蒸汽机

英国各地发现了煤矿之后，矿工开始采矿。

各地的煤矿深深地钻下去，矿工开始挖掘黑色钻石。

这时出现了令他们感到苦恼的大问题，那就是永无止境涌出来的地下水。

如果不能将水汲出的话就无法工作。他们试着用马来汲水，但效率太低，因此技术员开始思考建造排出地下水的机器。

如果将水加热使其蒸发，体积就会膨胀，制冷的话就会收缩。将这样的力组合起来就能使机器运作——这一想法被一点点改良，终于出现了划时代的排水泵。

"蒸汽机"原本是为了开采煤炭、用于煤矿的排水泵。

这样一来排水就变得非常轻松了，开采到更多的煤炭就能赚钱了！这位使矿工欣喜若狂的英雄，就是詹姆斯·瓦特[1]。

历史性的发明大部分都不是原创，都是改良已有的发明创造。在詹姆斯·瓦特发明蒸汽机之前，有纽科门蒸汽机。瓦特为了提高它的热能和运动效率而对之进行了改良。

由于蒸汽机的出现，煤矿的排水这一大问题得以解决，因此矿工们可以想采多少煤就采多少。煤炭被运往英国各地的工厂，作为燃料使用。

令矿工欣喜的蒸汽机并未停留在煤矿排水，作为固定动力装置，它被渐渐引进到了纺织物和制铁业的工厂中。终于，人类不再依赖自己的力气或者动物的力量，获得了机械能。

1　詹姆斯·瓦特（James Wat）：1736—1819年，发明了蒸汽机，为第一次工业革命的重要人物，发明家、技术人员。

由于木材不足而使煤炭得到了关注，为了方便开采煤矿而发明了蒸汽机，英国的工业革命开始了。

从蒸汽机到蒸汽机车

“喂，鲍勃，这边，快过来！”

有人这样招呼着“老鲍勃”，他一边擦汗一边向水泵跑去。

他是威拉姆煤矿厂的排水泵修理员。

水泵的情况不好时，就轮到鲍勃出场了。拿着工具，每天检查机械是他的工作，他儿子也从小就给他打下手。

鲍勃的儿子对摆弄机械非常感兴趣，早在17岁就开始负责发动机阀门的开关，成了一名阀门控制员。令他骄傲的儿子有了不错的工作，老鲍勃得意扬扬。

儿子更是对发动机反复钻研，31岁时成了一名轮机员（Engine Man）。获得操纵发动机这样体面的工作后，鲍勃的儿子并不满足于固定型的发动机，而开始思考怎样开发出新的功能。

“如果将这一发动机装上车轮，是不是就能做出自动前进的交通工具了呢？”

他产生了这样奇怪的念头。

这就是世界上第一辆蒸汽机车的构思。鲍勃为自己的儿子高兴得无法自拔。

令鲍勃骄傲的儿子，乔治·史蒂文森[1]开始向着这一梦想，

1　乔治·史蒂文森（George Stephenson）：1781—1848年。他成功使机车实用化，被称为“蒸汽机车之父”。

认真地进行挑战。

领先一步的特里维希克已经将蒸汽机装在车轮上、开始了蒸汽机车行驶试验。我们不难想象，看到这些的乔治，热情有多高涨。

乔治像从前与父亲一起工作时一样，开始和儿子罗伯特一起埋头于“蒸汽机车”的开发。

连詹姆斯·瓦特都认为蒸汽机应该作为固定型机器使用，自动前进式的蒸汽机车根本不可能。

但是在英国有许多无法放弃“蒸汽机车”的“鼻祖铁路车迷”。

刚才提到的特里维希克为自己的机车取了一个时髦的名字“Catch me who can”（来抓我试试）。他使试验车运行了起来。

乔治与罗伯特父子认真地在追逐这辆“Catch me who can”。他们将试验车命名为“布鲁歇尔号”（Blucher），这个名字源于滑铁卢战争中的普鲁士英雄布吕歇尔将军。

看来乔治没能模仿到特里维希克取名的精髓，而且他把“布吕歇尔”（Blücher）的拼写搞错，成了“Blucher”。

但是，对乔治父子来说，名字无关紧要。

这辆试运行机车的完成质量远高于特里维希克的那辆。

经过数次试运行，他们的蒸汽机车终于完成。

人类历史上第一条铁路，联结了港口城市利物浦与新兴工业城市曼彻斯特。

1830年9月15日，这一天终于到来了。

那就是名留青史的“利物浦—曼彻斯特铁路”的开通日。

02 蒸汽机车与固定资产

晴天的死亡事件

“快点叫医生！别慢吞吞的！”

暴怒工作人员的视线中，一个满身是血的男人躺卧着。

被残忍撕裂的下半身露出了红黑色的肉，他周围形成的血泊使远远围住、看着他的人感到不安。气息逐渐微弱的男人口中，只能听到令人害怕的呻吟声。

连这样的呻吟声，都不知道何时会停止。

最终，男人由于失血过多而死亡。

“怎么会这样？竟然会在这样的日子里发生事故。”

可以听到偷偷议论声的这一天，从早上就开始放礼炮，到刚才为止乐队还在演奏。

但是庆祝的氛围被这一事故打破了。

蒸汽机车初次运行的那天，以惠灵顿首相为首，一众得势的政治家，以及当地有权势的人陆陆续续来到了利物浦站。八节蒸汽机车车厢首尾联结，一行人于中午时分以曼彻斯特为目的地出发。中途，由于加水、加炭而在公园旁边停车。

不幸发生了。

数名政治家不顾不要下车的提醒，随意下车，向惠灵顿首相走去。这时机车突然接近，慌乱的原商务大臣哈克森摔倒在轨道上，被驶来的火箭号轧到了右大腿。

哈克森虽然被紧急搬运到了医院，但还是因为失血过多而死亡。世界上第一起铁路死亡事故，竟然发生在蒸汽机车首次运行当天。低落的氛围中，载着一行人的蒸汽机车行驶到了终点曼彻斯特，但是在曼彻斯特，反对派市民以惠灵顿首相为目标投掷瓦片。

忙乱使狼狈的开通仪式蒙上了一层阴影，但是这一天的主角，是驾驶着火箭号的乔治·史蒂文森。

被夺去了夺目的主角之位，他会抱以怎样的心情呢?

我想他恐怕不会对哈克森抱有“那个可恶的政治家……”这样的态度。乔治应该充分体会到了“完成了工作”的充实感。

这一天作为“蒸汽机车的纪念日”而被铭刻在历史中，乔治·史蒂文森因“蒸汽机车之父”流传后世。

铁路开通仪式中混入了间谍

铁路开通仪式上，除了“任性的政治家”之外，看样子还混入了从其他国家而来的间谍。

这些间谍为了侦察铁路能否作为“武器”使用而来。

开通仪式举行的1830年，正是席卷欧洲的拿破仑失利之后。欧洲政治家和军人认为“下一次战争一定会在不久的将来发生”。

军事人员对在那样的时机下出现的蒸汽机车表示出了强烈的关心。如果使用机车，运送士兵、食物和弹药的时间就能大幅缩短，蒸汽机车对于战争的运输能力非常有利。

开发商业性之前，机车被寄予了军事厚望。开通仪式那天，飞入他们视线中的，是以超过60公里时速飞驰的蒸汽机车。火箭号为救哈克森而马力全开，但与他的生死无关，间谍惊愕于蒸汽机车的高速。

“这可以为我们所用！”

他们着急地回到祖国，完成了催促铁道建设的任务。从对战争的贡献程度来考虑，铁路公司可以由国家运营，但当时由于长时间持续的拿破仑战争，很多国家在财政上没有富余。在英国，铁路业务也是由民间的铁路公司开始起步的。

令人有些意外的是，工业革命时期的英国，并不认可“股份公司”的自由设立。

受到17世纪引发经济暴跌的南海泡沫事件（South Sea Bubble）影响，政府限制了股份公司的设立。股份公司只有在被政府认可的情况下，才能设立。

其中破例得到许可而设立的就是运河公司。通行煤炭船的运河公司以其具有公益性而得到了股份公司化的许可，铁路公司也同样作为特例得到了认可。

当时，从煤矿向工厂搬运煤炭的煤炭船，是被马匹拉着慢悠悠地通过运河的。

马不仅用于运输人，还被用于搬运煤炭、为煤矿排水。马曾经完全融入人们的生活。现在我们也使用“马力”这样的词，火车一开始也被称为“铁马”。

马匹拉拽煤炭船通过的运河，冬天会结冰，夏天会干涸，会有船无法通行的时候。另外，马匹拉拽的速度和人走路的速度差不多，对此感到烦躁的商人非常多。

在铁路公司出现以前，运河公司是少数“可以买卖股份”的公司，运河公司沐浴在英国人火热的视线中，非常受欢迎。铁路公司对运河公司来说是不共戴天的敌人，不仅会夺走自己的顾客，还会抢走股东。

一旦铺设了铁路，不论冬天还是夏天都可以运输，而且速度快，也不需要饲养马匹的运营成本。由于铁路尽是优点，备受打击的运河公司以各种方式刁难铁路公司，想要妨碍其设立。

反对派的抵抗也是徒劳，铁路成了替代运河的交通方式。

铁路公司改变了财务会计和管理会计的历史

我们毫不质疑铁路是改变世界的、划时代的发明。但是这铁马（蒸汽机车）有一个致命性的问题：开业之前的前期投资非常之高。

因为土地的买卖交涉和各种工程，铁路公司需要大额的资金。另外，像隧道和高架桥等的大规模工程非常多，要运行好几台新型“蒸汽机车”，费用也会增多。土地、轨道、枕木、车辆、火车站、各种设备……铁路公司如果不能把像这样的“固定资产”（Fixed Assets）准备齐全的话就无法开业。

为了铁路业务开张，就必须筹措到必要的巨额资金。

利物浦—曼彻斯特铁路开通的5年之前，史蒂文森父子先行开通了斯托克顿一达林顿铁路。史蒂文森父子不仅在技术方面，也在“经营方面”做了试运行，等待时机成熟才启动了利物浦一曼彻斯特铁路这一“正式项目”。

铁路公司的固定资产比例非常大，而且长期性的经营非常必要。

虽然东印度公司也是这样，但是就铁路公司来说，从公益性的角度出发，“政府的意向”会起到很大的作用。实际上，在利物浦一曼彻斯特铁路项目中，对资金筹措时的负债比例、运费的定价等，政府提出了各种各样的要求。

蒸汽机车不只是新型的“自动前进式交通方式”，还是世界上第一例“拥有巨额固定资产的股份公司的资金筹措和运用”实验。

如果只是在技术上实现了蒸汽机车的运行，而没有组织从“筹措和运用”方面支持它，就无法传播到世界各地。英国的铁路公司充分证明了这一点。这一筹措和运用的方法、技术对以后“财务会计”产生了巨大的影响。另外，管理远距离车站和列车运行时间表的技术也在“管理会计”上传承了下去。铁路公司才是近代会计的根源所在。

世界上第一批投资铁路公司的股东是什么样的人呢？

他们购买的铁路股票是上涨了呢，还是下跌了呢？

这些股东的动向左右了世界经济和会计的命运。

03 画家和股东都兴奋起来的铁道狂时代

如何摆脱为资金筹措而操劳的状态

英国画家透纳[1]与乔治·史蒂文森生于同一时代。

他的名画《雨、蒸汽和速度——西部大铁路》发表于1844年。透纳省略了细致的线描，用果敢的色彩描绘出了机车的巨大力量。

这大胆的绘画诞生的背后，是照片的出现。在照片出现之前，人们如果不委托画家画“肖像画”，就无法留下视觉记录。19世纪初期，照片出现改变了这一格局。如果只是想记录视觉，比起绘画，照片更为准确、快速、低价。这样一来，画家的工作被照相机夺走。照片的出现迫使画家重新探讨自己存在的理由。

照片无法表现的画是什么样的?

我们绘画的意义是什么?

一流风景画家透纳应该在意过照片。比起详细的描绘，他

1 约瑟夫·马洛德·威廉·透纳（Joseph Mallord William Turner）：1775—1851年。代表英国浪漫主义的风景画家。

反而选择以大胆的笔触来表现动感。这幅画成功地以静止画面表现出了“运动状态”。

这之前的绘画基本上都是“静物画”，将“动感注入画作中”对于后世的画家产生了极大的影响。

这幅画中所描绘的蒸汽机车上，画有实际上从这个角度无法看到的红色火焰。我想，比起准确性来说，透纳恐怕将“内心所看到的”放在更优先的位置。

在透纳画这幅画的1844年，受到利物浦—曼彻斯特铁路成功的刺激，英国于各地引发了铁路建设热潮。透纳画中所表现出的动感与兴奋，不仅是在表现机车，这种兴奋也在投资机车的人之间传播开来。

再次说明，铁路公司最大的特点就是“固定资产”非常多。

基本上没有库存，通过长期利用固定资产来赚钱——运河公司也具有相似的特征，但是铁路公司的规模更为巨大。

拥有巨大固定资产的公司必须在资金筹措方面下功夫。

东印度公司虽然拥有巨大船舶，但这终究不过是运送香料和服装原料的交通工具，要通过商品的销售才能得到盈利。因为他们每一次航行结束后都有大笔金额入账，预估到之后的金额入账才能进行借款（《威尼斯商人》中的安东尼奥就是如此）。

没有任何商品，只有日复一日的运费收入，而且还是刚刚出现的事物，通过铁路能否得到预期收入还不清楚。在这种情况下太过依赖借款非常危险。

这些大致情况政府也非常了解，它们对铁路公司的借款额度有非常严格的限制。于是传达了这样的信息：不要过于依赖借款（负债L），而是通过股东（资本E）来筹措资金。

港口城市vs新兴工业城市

被限制借款的铁路公司，要战胜领先了一步的运河公司，必须想办法从股东那里筹到资金。经营者不断主张这些来招募股东，铁路比起运河能以更高效率搬运煤炭，不仅能运煤还能运输人或者货物。

利物浦—曼彻斯特铁路方面，两边城市当地有权势者都有出资。他们逐渐了解新诞生的蒸汽机车，认为蒸汽机车“会为我们的城市带来经济效益”而决定投资，他们是城市的主人。

如果我们看一下利物浦—曼彻斯特铁路的股东名册，就会发现一个很有意思的事实。

比起曼彻斯特，利物浦有更多的人成了股东。

这多半是因为港口城市与新兴工业城市“风格不同”。

在任何国家，“港口城市”都给人以时尚的印象。以日本来说，横滨和神户就是这样。

向异国开放的港口城市的商人富有进取精神，对于未知的投资也非常积极。利物浦的商人也是这样，他们对“通往我们城市的铁路”提起了兴趣。

另一方面，曼彻斯特的商人还是更多地持保守态度。与其投资新兴铁路，不如选择投资扩大自己的工厂——这种将劳动作为美德的想法，也许是从荷兰的加尔文派传承给清教徒的价值观。

准确记账、不做白费工夫的事、认真着眼于工作——奉行以勤勉、禁欲、正直的精神为本的人，是不会喜欢“进行大量借款、做巨大投资”的。

他们喜欢逐渐增加内部保留，踏实地扩大工厂。这就像是农民自己一锹一锹地开拓土地。他们对于在设备投资方面进行借款的态度也非常消极。理所当然，他们对于投资不知真面目的“铁路”也一定犹豫不决。

积极投资新兴铁路的利物浦，和犹豫不决、非常保守的曼彻斯特形成了鲜明的对比。

结果，成功赚到钱的是利物浦的商人。

狂热追逐金钱的陌生人股东

利物浦商人将踏实地向工厂进行再投资的曼彻斯特商人甩在身后，积极投资铁路公司股份，赚到了一大笔钱。

他们所出资的利物浦—曼彻斯特铁路的经营情况良好，不仅每年会给出分红，其股票的价值也上涨了。因此，“铁路股票”博得了大家的关注。“铁路股票会赚钱！”英国无论何地都在谈论这个。

在19世纪的英国，出现了以“铁路股票会赚钱”为口号的“铁路爱好者”。在日本，提到“铁路爱好者”就是指铁路迷，而英国的鼻祖“铁道爱好者”（Railway Mania）说的就是企图通过铁路股票赚一笔的人。

英国在全境推进铁路的建设，铁路公司如同雨后春笋一般设立起来，首先成了股东的就是沿线附近的居民。他们出资，不仅是以谋利为目的，更带有一种“为我们这片地区做出社会贡献”的情感。

铁路公司会赚钱，这样的评价传播开来时，不论是否是铁路沿线的居民，单纯“想靠股票赚钱”的股东不断增加。

正如19世纪初的“照片”改变了绘画界，“蒸汽机车”的出现扩大了股东的范围。股东，从威尼斯时期的“家族、亲属”，经由佛罗伦萨时期的“朋友”，向诞生于荷兰的“陌生人股东”进化着。

英国，陌生人股东对金钱的狂热变得极高。

由于股份公司自由化而向前迈出一步的会计

不断被建设起来的铁路、一边合并一边变得规模巨大的铁路公司、对金钱极度狂热的陌生人股东，这样的“狂奔”谁都无法阻止。

透纳发表蒸汽机车画作的1844年，许多铁路相关的新闻成了头条。

这一年乔治·哈德森[1]合并了三家铁路公司，成立了米德兰铁路。

首条铁路投入使用了十多年后，将已经建好的几条线路互相延长，铁路公司开始合并了。

处于中心地位的就是乔治·哈德森。他成了各个铁路公司的老板，一眨眼就成了支配全英国四分之一以上线路的“铁路之王”。

1 乔治·哈德森（George Hudson）：约1800—1871年，英国人，投资了数家铁路公司，是成立米德兰铁路的鼻祖，被称为“铁路之王”。

“如果乔治·哈德森来经营，业绩就会上升，分红会变多，股价也会上涨。”

这样的流言散播。如果他成了一家公司的老板，仅凭这个传闻，这家公司的股票也会上涨。

但这个铁路之王是个大骗子。

他的高分红，都是通过对出资资金的诈骗得来的。

一边通过新建铁路募集资金，一边将这部分资金充当已有线路的分红，这就是他的手段。

出资资金和赢利必须分开，但乔治·哈德森无视这一点，将新的出资资金作为别家公司的利益来分红。虽然他曾出任过约克郡市长，但他的晚年背着诈骗犯的污名。

在狂热的股市中，铁路公司必须应对股东的期待。除了增加赢利、给股东分红之外别无他法。每年都踏实地计算赢利，将其分配给股东——虽然听上去很简单，但对铁路公司来说，要每年都拿出“赢利”并不是那么容易。特别是刚开业后不久，为使投资扩大，拿出“赢利”非常困难。

虽说如此，但像乔治·哈德森那样通过“违反规则”而拿出赢利就会受到谴责。

铁路公司心生一计，那就制定新的规则吧。

利物浦—曼彻斯特铁路和其他公司合并后诞生的伦敦—伯明翰铁路，还有透纳所描绘的西部大铁路这两家公司，采用了“折旧”这一新的规则。

“折旧”的出现对会计历史来说是一件划时代的大事，几乎能与“照片”的出现对绘画界的意义相匹敌。

04 从19世纪的铁路公司开始的“利润”

从铁路公司开始大众化的折旧

在股份公司还较为少见的时候，对象是连业务的形态都看不到的“铁路”，出资的股东想必要有些勇气。

投资了利物浦—曼彻斯特铁路的挑战者每年都拿到分红，把这些看在眼里的人也急着追上去：“那，我也要投资。”

这样一来，铁路公司对于金钱狂热度极高的股东，就必须支付“分红”。

就资产负债表的右侧来说，公司向银行借钱的时候要支付利息，从股东那里得到出资的时候就要支付“分红”。

“应当回应股东的期待，拿出分红！”经营者这样想着，但是存在一个问题。

铁路公司对于固定资产的投资实在是太大了，如果将这笔支出像家庭记账本一样来处理，就会变为投资时有亏损。相反，没有投资时有赢利。在不同时期成为股东就不公平。

有没有使赢利更为“平均化”，能够稳定地分红的方法呢？铁路公司的经营者思考着。

说服地皮的主人获得土地，进行开凿隧道的工程，轨道和枕木，还有车站的准备，制造机车和客车……开业时期会产生巨大的支出。不要按“基本支出”计算投资，而是“分为数期的费用”计算不就好了吗？他们想到了这一点。

将这个想法变为可能的处理方式就是“折旧”。

折旧的结构

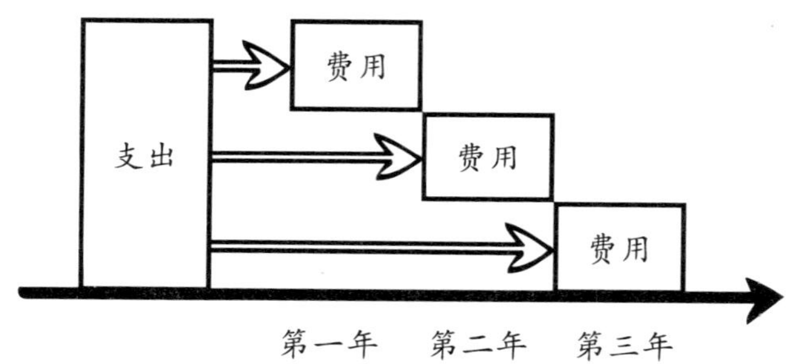

比如说制造蒸汽机车要产生巨额的支出，在首次投资时不负担全部金额，而是将其作为固定资产费用分担到这之后的许多年。基于这样的“折旧”，费用得以平均化。因此就算进行了巨额的固定资产投资，也变得更容易产生“赢利”（利润）。通过折旧，即便进行巨额设备投资也能给予股东分红。

虽然在此之前也实行过类似折旧的手续，但第一个在理论基础上正式采用这一手段的是铁路公司。因为机车要长期使用，长期性地计算费用非常合理。

这确实有一番道理。与之前的马车相比，蒸汽机车可以长期地使用。正因为可以长期使用，才要支付一笔巨款。

于是，“固定资产折旧”这种我们所熟知的手续开始了。

经过200年进化的“利润”的历史

我认为，即便是在数百年的会计历史当中，“折旧”的出现也是非常重要的一个转折点。

这也许能与在意大利诞生的簿记相匹敌。这是因为，由于折旧的诞生，会计中的赢利脱离了收支，变为以“利润”的形式来计算。

原本公司就是从计算金钱开始的。虽然我们说了很多，但会计的原点其实就是算钱，收入-支出=收支，这是赢利计算的基本。

脱离这一收支计算，赢利的计算就向“收益-费用=利润”这样稍稍有些难度的体系变化，我认为其契机就是铁路公司采用了折旧。

由于工业革命固定资产的增加

→

折旧的出现

→

利润计算的出现

工业革命之后的会计历史，可以说是脱离家庭记账簿似的“收入、支出”计算的历史。

从“收入、支出”中脱离，迈向表现业绩的“收益、费用”的计算，就是企业会计的进化史。

这一进化，从200年前蒸汽机车出现后开始，一直持续到现在。

如果可以折旧，那么也应该可以“提前将将来的支出，分配到数期的费用上”（准备金）。那是否也应该将被称为预付费用或未得收益的“收入、支出”分配到“收益、费用”上来进行计算呢？形成了这样的标准，在长期工程中领取的“将来的收入”作为前期收益来分配，这样向着“利润”的变化永不停歇，向着后世出现的时价会计和减损会计勇往直前。

像这样从收支向利润的进化，称为“收付实现制会计向权责发生制会计的转移”。

收付实现制会计：收入－支出＝纯收入

权责发生制会计：收益－费用＝利润

现如今的21世纪，赢利的计算根据权责发生制会计框架“收益－费用＝利润”来计算。计算它的就是损益表（P/L；Profit & Loss Statement）。

在此之前对商人而言，“赢利”就是增加金库中的钱，但是根据权责发生制会计来看就不是这样了。根据权责发生制会计，被称为“利润”的赢利是以损益表来进行计算的。

正如透纳“向一幅画中注入了动感”一样，新式会计成功地向损益表中注入了名为利润的赢利。

撒谎是偷盗的开始，权责发生制是粉饰的开始

19世纪英国的铁路公司有了不得的革新，它们为了得到利润，自己制定了规则。

革新有时候会孕育出一些反面人物。铁路之王乔治·哈德森便将公司的出资资金挪用到别的公司，以此达到“粉饰[1]”的目的。

过去的东印度公司进行过粗糙的粉饰，但哈德森则进行恶意的粉饰。事实上，由于权责发生制，形成一个更容易粉饰的环境。

权责发生制会计中，在决定将“收入、支出”分配到什么时期的“收益、费用”时，无论如何都会掺入人为的操作。这时就无法避免地会混入操控利润的恶意分配。如果收入、支出是Fact（事实），那用收益、费用来计算利润就是一种Fiction（虚构）。

这样“卑鄙的分配”（存疑的分配）在之后的各种时代里反复上演。

到了21世纪，日本东芝被发现进行不正当会计计算，它将未来会得到的工程收入提前计算。如果非要粉饰的话，不如像铁路公司那样催生出新型会计处理方式。那样，他们说不定还会有功劳。可惜的是，在既有规则框架内修饰数据的乔治·哈德森和东芝，最终在历史上都留下了污名。

---

1 指“增加表面上的利润”。也就是使赢利看上去变多。与之相反，因为不想支付税金等理由而使利润看上去变少，称为“逆粉饰”。

操控利润的卑鄙分配

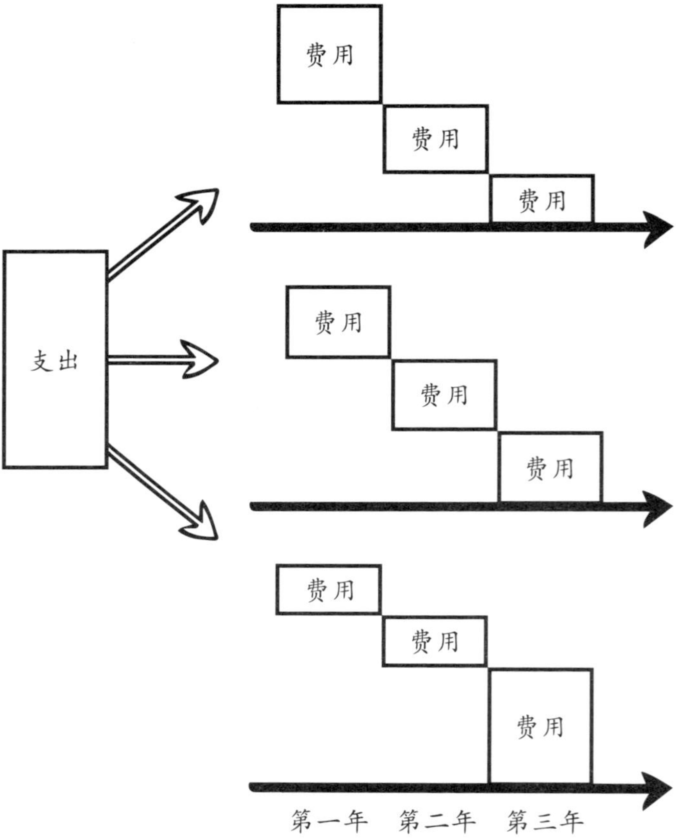

支出 →	第一年	第二年	第三年
（1）	费用	费用	费用
（2）	费用	费用	费用
（3）	费用	费用	费用

如果改变分配（Allocation），
利润就会改变！

利润的计算，有时会一边带着恶意，一边随着时代变化。从折旧到准备金、工程进度标准……在各种利润计算的同时，收支和利润变得越来越不一致。当然，那是理所应当的，正是“利润”的计算方式不同造成了这样的变化。

黑字破产终于开始发生，这是因为虽然有利润，但是没有钱。

如果公司有将要黑字破产的迹象，股东会担心得夜不能寐。

不仅是铁路公司，英国大量投资都流向了美国，这里也有许多无赖。例如有人以实现不了的建设规划来募集出资，收集到出资资金后逃跑。蒸汽机车从英国到了美国，资金也流到了美国，坏家伙也到了美国——会发生什么样的故事呢？

现金计算进化后的“利润”

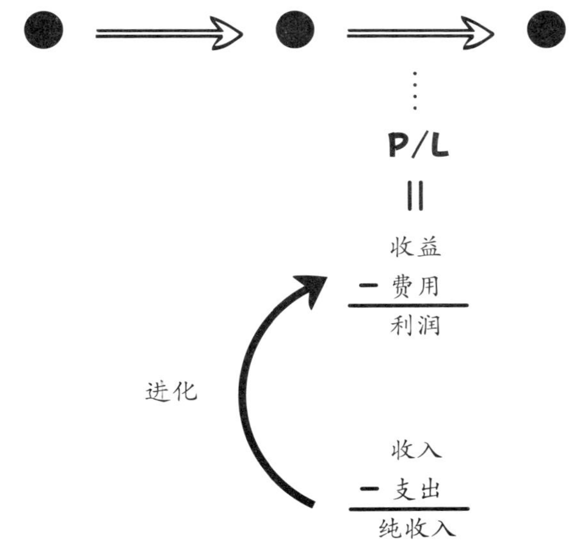

我们在下一章再说他们的活跃，在本章的最后，让我们确认一下由权责发生制会计而诞生的“财务报表体系”吧。

权责发生制会计中，“两份财务报表”是原点。首先是计算每期“利润”的损益表，它根据收入、支出进化而成的“收益、费用”来计算利润。

还有一份就是显示每期末财政状况的资产负债表。

损益表与资产负债表是原因与结果，在损益表中如果出现“利润”，资产负债表中的资产就会增加。相反，出现“损失”，资产就会减少。

山丘上“为了人类”工作的男人

从意大利到荷兰，会计逐渐发展，在英国迎来了重要转折。

铁路公司里的股东影响力越来越强，为了给他们分红，出现了新的会计体系——权责发生制。账簿原本是“为了自己”记录，却进化成为股东制作的财务报表。

从此以后，会计的主角从“自己”（经营者）向着“他人”（股东）一点点开始变化。这是财务报表从“为了自己”制作变成“为了股东”制作的一个过程。

为股东制作的财务报表，在下一章中的美国会进一步发展。

乔治·史蒂文森一边帮助父亲，一边学习着摆弄机械。

虽然他连学校都没去过，是个没文化的人，但是他从煤矿的阀门控制员升职为轮机员，终于完成了足以让他名留青史的发明。他与儿子罗伯特一起开发了蒸汽机车，为铁路推广到英国乃至世界做出了诸多贡献。

多亏了这对父子，人类不用再依赖马匹，从此拥有了使用燃料的能力。

英国开花结果的工业革命，最辉煌的标志，就是自动前进式蒸汽机车的出现。之后，铁路也撼动了会计的历史。如果蒸汽机车没有出现在这个世界上，折旧，还有赢利计算，也会推迟相当长一段时间。

乔治·史蒂文森不断地思考着造福人类的发明，他年轻时，为矿工设计了煤油灯。他受到了所有人的爱戴。乔治退休后，晚年搬到了乡下，摆弄着庭院度日。

登上附近的塔普顿山丘，沿着轨道疾驰的蒸汽机车就会迎面而来。

他经常在山丘上眺望着蒸汽机车，发着呆，过着悠闲的生活。

1848年8月12日，山丘上再也看不到他的身影了。

乔治·史蒂文森去世。

听闻这一消息的英国人，以及世界上的铁路工作者，都为他哀悼。

“不过是一个喜欢机车的老朽（The hool on the hill）走了。”

他一定会在天国害羞地微笑着。

山丘上无法看到他的身影，机车驾驶员拉响了汽笛，回荡着“呜——”的响声。

延伸阅读

1. 伦敦大火

英国有一个车站叫作“Bank and Monument Station”。原本Bank站和Monument站是分别建造的，但现在经由地下通道连接了起来。Monument站得名的原因是它靠近伦敦大火纪念塔。

2. 理查德 · 特里维希克（Richard Trevithick）（1771—1833，英国）

他是真正的“蒸汽机车之父”，他不仅先于史蒂文森父子制作出蒸汽机车，还制作了蒸汽汽车。开发中，还发生了蒸汽机车爆炸的小插曲，他甚至受到了詹姆斯 · 瓦特的警告。

3. 军事利用

欧洲的大部分铁路规划，都出于战争考量。比如说在德国，铁路以东西方向为中心，这源于德法战争，铁路都为包围巴黎而建造。

4. 南海泡沫事件（South Sea Bubble）

泡沫破裂发生在18世纪的英国。财政情况恶化的英国政府为了减少债务、避开财政危机而设立了南海公司，这个怪异的公司由于股价急剧上涨成了泡沫。在这一事件中，艾萨克·牛顿也蒙受了损失。

5. 固定资产（Fixed Assets）

观察一下资产负债表的左侧资产部分，会看到流动资产与固定资产并列。流动资产，就是“钱”以及拥有与之相近性质的资产；固定资产，就是拥有“物品”性质的资产，建筑物、机器、车辆、土地等都是代表性的固定资产。

6. 平均化

经营者希望每一年都得到相同的利润，就是平均化。为了使股东高兴，稳定分红，就必须稳定地计算每一年的利润，尽量减少各时期之间的波动。为此，折旧是一种理想的方案。

7. 准备金

折旧是将已经发生的支出滞后进行费用计算，准备金就是将预计的支出提前进行费用计算。折旧和准备金颠倒了支出和费用的前后关系。我们经常能听到失业准备金。

8. 黑字破产

从损益表看有赢利，但现金流有亏损，就会发生黑字破产，公司则会在本应付钱却没有钱时倒闭。

第5章

20世纪美国　投资者变革

他一边看着自己即将搭乘的、破破烂烂的蒸汽船，一边苦笑道："乘这个可能没法活着到达了啊！"

他离开故乡爱尔兰，要前往美国。在中转地点利物浦，除了这群干瘦憔悴的爱尔兰人外，别无他人。

他们基本上都很贫困，手握着仅有的一点钱，来到了利物浦港口。他们舍弃热爱的故乡，奔赴新天地美国。

我们故事的舞台将转移到新大陆美国。

01 向着西方的新大陆渡海而去的移民和投资货币

从利物浦港口向着新大陆开始旅程的一位年轻人

爱尔兰人奔赴美国，源于一场马铃薯饥荒。

当地的马铃薯由于一种流行病，变黑腐烂，引起了饥荒，这对爱尔兰人来说成了生死攸关的难题。长期以来，爱尔兰天主教与英国新教对立，天主教教徒被严厉镇压，被剥夺了土地，驱逐到了荒凉的西部。他们所依赖的命脉，是只有在贫乏土地上也能培育的土豆。如果无法采摘土豆，他们就走投无路了。

帕特里克是这群爱尔兰人当中的一员。只不过，比起逃离爱尔兰，年纪轻轻的他对新大陆充满了更多期待，想在美国大干一场。

与他的意气风发相反，这趟去往美国的航程很糟糕。船内塞得满满的，乘客都染上了霍乱、痢疾、天花等传染病，一个接一个在船舱中死去。

终于，船在波士顿靠岸。幸运的是，帕特里克健康地到达了目的地。他与此次旅途中邂逅的一名爱尔兰女性结婚，育有一男三女。虽然组成了美满的家庭，但他在美国的生活并不那么轻松。

波士顿移民激增，发起了排斥爱尔兰人的运动，甚至找工作也成了一件大费工夫的事。他靠着在酒馆打工养活了一家人。

最终，帕特里克既没赚到钱，也没名声，染上了霍乱，36岁就去世了。

他的儿子帕特里克·约瑟夫（P. J.）——背负着父亲的期待，收获了巨大的成功。他以爱喝酒的爱尔兰人为对象，做起酒馆生意，并不断赢利；他还作为移民调停人，成了政治家。这位第二代可以说是在爱尔兰移民中取得了相当大的成功。

父亲对儿子的期待不断提高。

P. J. 的儿子：第三代帕特里克又反过来被命名为“约瑟夫·帕特里克”。这是为了将“帕特里克”这个爱尔兰式的名字藏在后面，使约瑟夫变得更为显眼。第三代约瑟夫从小就被大家叫作“乔”。乔不仅是实业家还是政治家，他取得了极大的成功。

乔的儿子，终于攀登到了美国权力的顶峰。他就是美国最有名的总统——约翰·菲茨杰拉德·肯尼迪（J. F. K.）。

从利物浦远渡到波士顿的帕特里克，传承到了第四代，J. F. K在1894年成了第一位爱尔兰天主教总统。

只不过，本章的主人公并不是 J. F. K，而是他的父亲乔。

约瑟夫·帕特里克·肯尼迪[1]，通称“乔”。他与会计史有着紧密联系。实际上，真正想当总统的并不是他的儿子，而是他自己。

1 约瑟夫·帕特里克·肯尼迪（Joseph Patrick Kennedy）：政治家、实业家。首任SEC主席，约翰·F. 肯尼迪之父。

《晚钟》夫妇感谢神明的理由

历史总是出人意料，以英国为例，因木材不足而开始使用煤炭，竟然就促使了工业革命的诞生。

土豆代替煤炭改变了19世纪的历史。19世纪中叶发生马铃薯饥荒，欧洲各地大量移民远渡重洋来到美国。

16世纪，西班牙消灭了印加帝国，并将土豆运往欧洲。因为土豆能在寒冷地区茁壮成长，一点点在欧洲散播开来。

西班牙人用当地的“papa”来称呼土豆，这和对罗马教皇的称呼相同，于是它被改称为“patata”。英语圈内就变成了“potato”。

土豆出现以前，欧洲人还没有吃过长在泥土中的农作物。人们对土豆敬而远之，甚至怀疑它有毒，还出现法律来禁止食用土豆。

土豆能带来丰收，一点点渗透到了市民中，被称作“穷人的面包”。土豆容易培育，营养价值又高，对穷人来说非常有用。

最早引进土豆的，是贫穷的爱尔兰人。另一方面，最晚普及土豆的是法国。在烹饪方面非常高傲的法国人，起初对穷人的面包不屑一顾，但土豆还是一点点地渗透到了市民中。

这个时期，法国画家米勒画出了《晚钟》。

这幅画并不是往常的宗教画作，它描绘出农民平凡的日常与小小的幸福。

随着教堂晚钟的回响，农民夫妇停下工作，双手祈祷。背后的景色非常明快，但他们的脚下笼罩着一层阴影，田里栽培着的是土豆。手推车中装着的应该是用来贩卖的土豆，而脚边留给自己的，量很少。

正如这幅画所描绘，一开始对土豆敬而远之的法国农民也在种植土豆。

米勒发表《晚钟》是在1859年，马铃薯饥荒已经过去了。这对夫妇还留存着对饥荒的痛苦记忆，一边感谢“平凡的日常”，一边祈祷。

“说明与倾听”是会计与监察的根源

一方面，许多贫穷的人想前往美国；而另一方面，有钱人的投资货币也在19世纪后半叶从英国流向美国。

因为工业革命而富裕起来的产业家，或者是由于铁路股票而赚了钱的人，都在寻求下一个赚钱地点，他们向新大陆美国投去了炙热的目光。在那里，铁路公司和制造业公司一个接一个拔地而起。

英国人对向美国投资进行了研究，但问题是，他们无法得到被投资方的财务信息。

“那个公司，是不是看上去能赚钱？”“不会倒闭吧？”“股票会上涨吗？”

美国投资传闻数不胜数。会计师（Accountant）就企图从中赚上一笔，他们不断思考怎么能从传闻中分得一杯羹。

英国在铁路公司热潮之后，逐步解除了对股份公司的禁令。

股份公司可以自由设立，不少人因散漫经营而破产。原本，会计师专门处理破产。如果在公司中能看到会计师，就会传出这家公司很危险的传闻。于是会计师都要隐藏自己，偷偷地访问公司。

虽说这项工作十分重要，但处理公司破产太过晦暗。会计师为了寻求更为正大光明的工作，拓展了最棒的新业务——监察（Audit）。

监察专门对公司的财务健康状况进行检查。铁路公司的监察工作一开始是由股东来进行的，但是随着经营管理情况变得复杂，会计师就被委以重任。

对股东来说，会计师就是专门对公司的赢利进行判断和说明的人。

说明&倾听

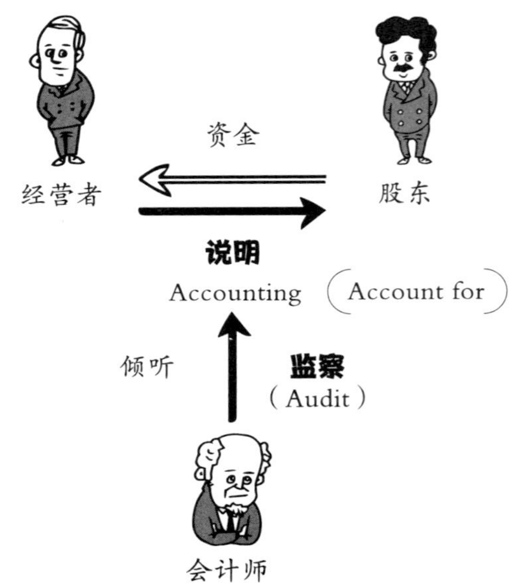

如果财务报表制作得不准确，就无法说明公司的经营状态。如果只说明有错误的，或是经过粉饰的结果，投资者就无法安心。

监察会专门确认报表是否正确。监察在英语里叫作Audit，这是从法语中的“Audir（倾听）”一词派生出来的语言。监察（Audit）和声音（Audio）一样，意味着“倾听”。

经营者对出资者说明公司的赢利结果，会计师会来“聆听”（监察）这一结果。

作为英国投资的看守人，远赴美国的会计师

在西部大铁路的计算材料中，监察人的署名旁边，写有“W. W. Deloitte，会计师”这样的签名。

这位签了名的威廉·韦尔奇·德勤，是一位年轻会计师，他27岁就在伦敦设立了会计师事务所。除此之外，也有普赖斯（Price）、沃特豪斯（Waterhouse）、特什（Touche）、匹特（Peat）、马威克（Marwick）、米歇尔（Mitchell）这些专家在英国设立了会计师事务所。

当时的伦敦有超过200家会计师事务所。除了处理公司破产业务之外，他们还对公司进行监察。正因为对铁路公司进行监察，年轻的会计师有了一定的声誉，工作不断增加。这样一来，会计师事务所，搭上了从英国向美国进行投资的顺风车。

英国的投资货币如果要向美国流动，就必须检查美国公司的经营状态。不仅是检查材料，会计师还需要实地检查。最

后，他们在美国设立了新据点。

19世纪末期，英国主流的会计师事务所接连在波士顿和纽约开设了事务所。德勤、普华永道、毕马威成了一个大家庭，它们通过进军美国，成了大规模的事务所。

与流向美国的投资货币一起，从英国远赴美国的年轻会计师此时还无从知晓，自己的命运将会被总统的父亲左右。

02 崩溃前夜，美国狂想曲

投资流入美国铁路公司

美国铁路建设的资金，是由以英国为首的欧洲诸国提供的。

美国的铁路绝不是英国铁路的仿制品。美国开发出了可移动式台车，这使车辆的大型化成为可能，美国铁路中出现了可以长途旅行的、舒适的大空间车厢。

另外，为了服务长时间乘坐铁路旅行的乘客，在经停车站还出现了提供饮食的餐馆。

许多铁路餐馆偷工减料，仅做一次生意，弗雷德·哈维反其道而行之，开了一家在车站提供高级餐食的餐馆。这家餐馆网罗了端庄美丽的年轻女孩做店员，他的餐馆哈维之家人气非常之高。

哈维之家的女服务员“哈维女孩儿”受到了全美的关注，东海岸的有钱人纷纷乘坐铁路到中西部旅游。另外，哈维还开始在铁路的列车内提供餐食，是在交通工具中提供餐饮服务的开创者，哈维大叔才是餐饮连锁店之父。

四通八达的物流业、远距离销售、车站旁的餐馆……随着铁路网在广袤的美国扩散开来，这些新兴商业逐渐诞生了。

19世纪的美国，铁路是一种不折不扣的时髦产业，它不只是一种交通工具，还牵引着各式各样新型商业。

实际上，可以说是多亏了铁路公司，证券交易所才得以发展。19世纪后半叶，公开的股票中有一半以上都是铁路股票，证券交易所仿佛是为铁路公司而开。

如果您读到这里，我想您就可以理解“英国和其他欧洲国家的投资货币流入美国，在美国引发了铁路建设热潮”这件事了。

如果将这一过程映入脑海中，立马就能够读取一张资产负债表，因为“铁路货币的资金流向”和“资产负债表中的资金流向”非常相似。

在铁路行业中，投资从英国等地流向了美国。美国于资产负债表的右侧进行资金筹措。接下来，美国将资金投资到铁路业务中，铁路的建设由东部向西部推进。

从资产负债表来看，就是将右侧（东部）筹措来的资金运用到了左侧（西部）。

这一经营的投资和回收如果顺利产生赢利，就能向右侧的出资者支付利息分红。

阅读资产负债表的时候，若将“英国的资金向美国的铁路流动”和“右侧的筹措向左侧的运用”重合起来，就会非常清晰。

19世纪末，大西洋的经营分析热潮

比起通过股票筹集资金（E），美国铁路公司的经营者更喜欢通过公司债务和借款来筹措（L）。因此，铁路公司的自有资本比率非常低，常常伴有破产的危险。

英国的资金提供者最害怕投资的公司无法赚钱，或者破产。他们为了不遭遇这些情况，开始学习看财务报表。

在19世纪后半叶，兴起了一股经营分析热潮。

特别是在评测公司安全性的“安全性分析（流动性分析）”，聚集了许多关注。人们以资产负债表为根本，计算流动比率（流动资产÷流动负债）。

进入20世纪后，财务报表的比率分析越来越流行，逐渐出现了各种各样的财务比率。这就是经营分析的诞生。

只是，想通过一系列比率分析来完全看清经营状态是非常难的。因为财务报表本身就漏洞百出。对其分析无论多细致，谎言百出的财务报表，都是无法引导出一个正确结论的。

流动比率中常常提到的“希望能超过200%”。“哪怕是假数据，只要达到200%的话就没问题了”，这些过高的数字都是因为无法相信别人留下的结果。

从英国进军美国的会计师事务所，积极推动了经营分析热潮。他们所写的与经营分析相关的书被英国和美国的投资家、产业家、有钱人传阅。在书的最后，或许会出现事务所的广告，比如写着“如果想要准确的结算与监察，请来找我们”。

在人人都想要学习经营分析的背景下，铁路公司的经营破绽逐渐变多。

一鼓作气开拓了线路的美国铁路公司，急于求成，酿成了不良影响。铁路公司胡乱设立，展开价格竞争，最后财务体系急剧恶化，缺德经营者的不正当管理更是肆意横行。

想想看，在当时，向铁路公司进行投资，如果一发即中能大赚一笔，但如果倒闭就分文无收。这是一种高风险、高回报的行为。

因此，纽约证券交易所要求铁路公司制作准确的财务报表并公开，但铁路公司无视这一要求。最终，仅在19世纪末，数百家铁路公司破产，给股东造成了很大的伤害。

资产负债表与流动比率

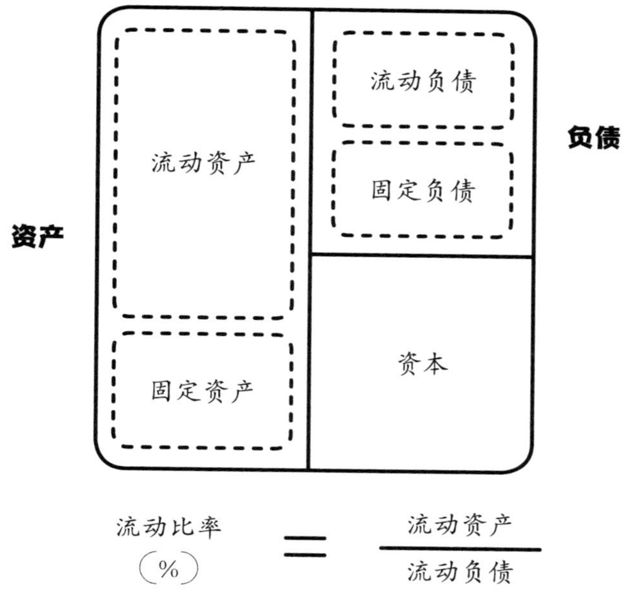

能够读懂资产负债表的鲁莽汉

1888年，许多铁路公司逐渐消失时，约瑟夫·帕特里克·肯尼迪（乔）爱尔兰移民的第三代出生了。

父母期待儿子成为美国人，而不是爱尔兰人，希望他能够有所建树，没让他上天主教的高级学校，而是让他去了波士顿的拉丁学校。成绩虽然不太好，但因为父亲在背后撑腰，他最终考入了哈佛大学。

哈佛毕业以后，通过父亲的支持，他就任了州立银行监察官一职。这时，由于监察银行工作需要，他学习了资产负债表的解读方法、经营分析和信用评价。

掌握资产负债表，对他来说成了一件强大的武器。因为在这个时代，学会了财务报表解读方法的人，恐怕也就是认真的投资家和专家。在竞争激烈的商业最前线，很少有人掌握这种本领。

乔不仅学习了资产负债表的解读方法，还通过银行监察官的工作，得到了各种公司的内幕信息。

报表技能，加上暗地里的秘密信息——有了这两样，乔不断获取濒危企业的信息，操控信息使股价浮动，靠内幕交易大赚了一笔。

这样一来就无法收手了。乔银行监察官的工作只干了一年就辞职了，接着就职于证券公司的股票交易部门。在这里，他进行了更大规模的内幕交易。

顺带一提，在那段时间，没有法律禁止内幕交易，能够阻止这一切的只有本人的良心。因此，证券市场中曾充斥着花招、欺骗等有内幕的不正当交易。这一时期，美国的富人中，一定有相当数量的人是靠内幕交易而有所积蓄的。

乔将“联营”（共同购入）视为他的拿手绝活儿。它是一种通过创建辛迪加（企业联合组织）让会员购入股份来操控股价的手段。通过伙伴之间的购入来哄抬股价，在诱惑普通购入者加入时以高价出售股票。他还被公司委托操控过股价，简直是为所欲为。

对乔来说，1919年实施的禁酒令，也是一次赢利多到快要让人流出口水的机会。原本他父亲就经营酒馆，因为这一关系，乔在爱尔兰有着强大的贩酒渠道，一头扎进了私卖酒品的勾当。在禁酒令之下，他从海外的蒸馏所一个劲地买酒，使其流入私贩渠道。

20世纪20年代，狂热的纽约

抓住暗地里的内部交易信息，通过虚假信息扰乱市场，以秘密造酒赢利……衬得阿尔·卡彭都相形见绌的野心家乔，吐露了这样的名言：“赚钱很简单，在约束的法律制定出来前，去做就行了。”

乔·肯尼迪的人生中常常伴随着爱尔兰移民的影子。

波士顿有许多爱尔兰移民，这是一个对他们有巨大差别待遇的地区。由于马铃薯饥荒而消瘦的移民，仅仅带着几天生活费就来到了这里，只能依靠同伴之间互相帮助。爱尔兰人一起在不干净又狭窄的居所中生活，他们解闷儿的地方主要就是酒馆。

他们夜夜聚集在酒馆喧嚣，有时聊聊严肃话题。从这些人中，一位领袖脱颖而出。这位领袖代表爱尔兰人发表自己的意见，人们将其视为政治家，将选票托付给了这位领袖。乔的父亲P. J. 是个“卖酒的政治家”。儿子乔也继承了这一点，在“商人政治家”的道路上勇往直前。要拥有力量，只有手握金钱和权力——乔之所以拥有对金钱贪得无厌的执念与往上爬的志向，也许是因为爱尔兰移民曾遭受歧视，过着贫困的生活。

1926年，羽翼颇丰的乔从波士顿搬到了纽约居住。

那段时期，纽约的股市被狂热所包围。当时的市场不仅是铁路公司，制造业公司、广播公司和通信公司等新兴产业公司也受到了人们的关注。

与第一次世界大战取得胜利也有关系，乔搬到纽约时的20世纪20年代，美国经济形势大好。人们沉浸在熠熠生辉的时代中，股价不断上涨。也有一些担忧股价是否涨得过高的声音，但是都淹没在了“还能继续”的声音中。

股市可以听到强烈的声音，但是谁都无法回头了。

这一时期，积累了一定财富的乔，以更进一步的赢利为目标，将目光投向了电影行业。乔在电影界创建人脉，与美丽的女演员关系逐渐深厚。电影界对他来说，是一个非常惬意的地方。

好莱坞一个能理解资产负债表的家伙都没有，所以他很有魅力。

03 大无赖乔，竟然就任SEC首任主席

1929年10月24日，黑色星期四

原本，从英国远渡到美国的清教徒以新教的禁欲和勤勉为本，拥有以劳动为重的文化。但是美国白人新教徒不只劳动，还喜欢通过股票等金融交易赚钱。

在美国，无论是清教徒、新教徒，还是犹太人，都非常喜欢赚钱，他们热衷证券市场的投资。打破了宗教的隔阂，股市迎合着人们的欲望，不断上涨着。

但是终于迎来了终结。

1929年10月24日，星期四，发生了记入史册的一次大恐慌。

那一天早上的开盘时还非常平稳，但是到了十点半，形势突变，抛售激增，股价开始暴跌。

抛售股票过多，显示股价的电传打印纸带的信息，以下午一点为时间节点，延迟了92分钟。无从知晓股价、变得不安的群众涌入了华尔街。为维持治安，政府出动了400名警察，引发了一场骚乱。

这就是被称为“黑色星期四”的暴跌，但是暴跌并没有在这一天结束。

几天后的10月29日，星期二，发生了远远超过10月24日的暴跌，打破了人们微弱的一丝希望。

这一天交易刚开始，股价就急剧下跌，交易开始后仅30分钟，就达成了通常一天份额的交易量。因为抛售的股票过多，下午交易开盘的同时，交易就被叫停了。

仅仅这一周损失的市值总额就高达300亿美元。通过信用交易购买了股票的人，因无法支付追加的委托保证金而破产，出现了许多自杀的人。这次暴跌在股市中留下了相当深的一道伤痕，股价再次回到1929年的水平，已经是1959年的时候了。

但是，暴跌的终归只是电传打印机上所显示的股价，仓库中的食物和衣服并没有在那一天消失。明明孩子肚子空空地哭泣着，仓库里的东西却有富余——这一矛盾如何解释、如何解决呢？经济学家直面这一新问题。

其中，凯恩斯发表了与从前的经济学不同、以“有效需求”为基础的新学说（宏观经济学）。

另外，会计专家，也围绕这一股价暴跌，开始思考“其原因是什么”以及“如何才能避免这样的事态发生”。

经济、会计，以及其他所有领域的专家都探索着脱离萧条的方法。

所有的美国人为了闯过这一难关，都不得不思考一下谁是合适的领袖。因为下一次的总统选举迫在眉睫。

小偷才是能抓住小偷的最佳人选

总统选举的热门候选人富兰克林·罗斯福为了巡回各地，准备了一列特别列车“罗斯福专列”，那上面就有乔的身影。

即便大暴跌，乔也凭借抛售全部股票赚了一大笔，他胸怀下一个野心，向罗斯福阵营投入了大量资金，因此被招待上了这列列车。

对赌徒乔来说，要赢得总统选举这样的赌博轻而易举。他所支持的罗斯福在总统选举中大胜，得到了第32任美利坚合众国总统的宝座。

新政府的重要职务一个个被确定，但是罗斯福对乔不闻不问。

“会给我什么样的职位呢？”乔等得有些不耐烦了。

罗斯福大概也非常困扰。乔那无赖的样子是出了名的，如果不好好安置的话，他可能会对政权产生极大的威胁。

罗斯福试探着让他当爱尔兰大使，乔认为这太“小儿科”拒绝了。陷入困境的罗斯福，为乔准备了一个谁都没有想到的职位，那就是SEC（Securities and Exchange Commission，美国证券交易委员会）首任主席。

“喂，开玩笑吧，乔竟然是管制不正当行为的SEC主席！”

这一“令人难以置信”的人事任命，不仅受到市场质疑，还遭到舆论的强烈反对。SEC是为了把几乎是赌博的市场变得公正、透明而新设立的组织。为什么任命乔·肯尼迪到那里去？人们的惊愕也是不无道理的。媒体也偷偷地责问罗斯福，但是下定决心的罗斯福不为所动。

罗斯福总统为了让美国从萧条中走出来，确立、实施了数条新政策。这众多政策中，金融和证券市场改革非常吸引人的目光。

他驳回了反对者的意见，坚决实行了两项改革。

其一，就是划清了商业银行和投资银行界限的《格拉斯·斯蒂格尔法案》。这让许多破产银行开始反省将存款投入股市，并在存款和投资之间设置了防火墙。

其二，就是会计制度的改革。之前，虽然向股东提供了信息，但不少公司耍花招的结算行为非常多。这样下去，政府无法挽回证券市场的信誉。

因此，在证券交易所公开股份的公司，必须制作严谨的财务报告。在此基础上，为进一步禁止内幕交易和股价操控等行为，设置了公正且透明的证券交易规则。

制定这些的正是《1933年证券法》（Securities Act of 1933）和《1934年证券交易法》（Seccurities Exchange Act of 1934）。SEC就是为了对这一连串的新制度进行指导与监督而设立的新机构。

从结果来看，乔胜任了SEC主席的工作。他的经验成了推进工作的一大武器。

曾是他领导的SEC职员说，乔只是看电传打印机的股价，就能说中“谁在进行联营（共同购入）”，而员工往检举的方向调查，发现果真如此。

令员工惊愕的乔还亲自制定了抛售规则，他知道抛售会使股价无限制地下跌。乔一边说服从前的无赖朋友，一边接连引入新的规则。与无赖们讲和，不存在凌驾于乔之上的人。

另外，他还善于处理媒体公关，不断给新闻记者送酒和领带等，与各方媒体构建了亲密关系，将媒体拉到己方阵营，顺利推进了SEC的工作。

讨厌乔的媒体也认可了乔的实力，结束了13个月的任期时，舆论对他工作的样子赞赏有加，以至于他卸任的消息流出的那天，华尔街的股价都下跌了。

小无赖会在规则框架内行骗；无赖会捏造新的规则；真正的老无赖会动用规则，成为受欢迎的人。

保护投资者的企业信息公开制度

从乔就任SEC主席开始，会计制度就朝着廉洁的方向发展。在此期间制定的“公开企业会计制度”的原则有以下三点：

① 经营者根据规则准确制作财务报表；

② 是否准确制作财务报表要接受监察；

③ 财务报表要对投资者进行企业信息公开。

首先，对证券市场公开的公司，必须基于规则，准确地制作财务报表。因此，统一的“会计规则”就十分必要。

接着，财务报表是否准确制作，还要接受专家的监察。有些公司已经接受了监察，但其监察内容未必是统一的。在监察财务报表内容的同时，还需要确保监察人有资格，监察环境受监督。

这是一种在“①制作财务报表”+“②监察的检查”这样的会计基本模式的基础上，加上大萧条后所强化的“③企业信息公开（保护投资者）”的新想法。

原本，提到财务报表，人们会想到，它是一种为了股东和债权人（银行等）而制作、报告的表格。

那只不过是针对资金提供者制作的报告，财务报表的报告对象如果限定于此，就无法向潜在股东提供信息了。

为了使证券市场不断活跃起来，就有必要构建一个让新手渐渐加入、可以安心购买股票的结构。如果不是这样，新的股东就不会增加，股价也不会上涨。

因此，大萧条后制定的证券法和证券交易法，连“将来有可能成为股东和债权人的客户”也保护了。这让人们看到了一种珍视潜在投资者，也就是“预期客户”的姿态。

建立预期客户能安心进入的市场——这就是“保护投资者”的想法。这里，“投资者”（Investor）不仅是“现有的股东和债权人”，还包含了“潜在的股东和债权人”。

我们再次围绕“投资者”这一词语进行一下说明。

就资产负债表来说，有时，向右侧的负债（L）和资本（E）提供资金的人，合起来被称为投资者，我们将其定义为“狭义的投资者”。

大萧条后制定的新制度不止于此，它进一步扩大了投资者的范围。不仅是目前的资金提供者，还包含了“潜在的资金提供者”（股东和债权人），我们将其定义为“广义的投资者”。

想要保护潜在股东和债权人，财务报表就必须信息公开（Disclosure）。

本来是隐私性质的财务报表，变成了为广义的投资者而进行的企业信息公开——大萧条后推进了“公开革命”的制度改革。

股东和投资者的不同

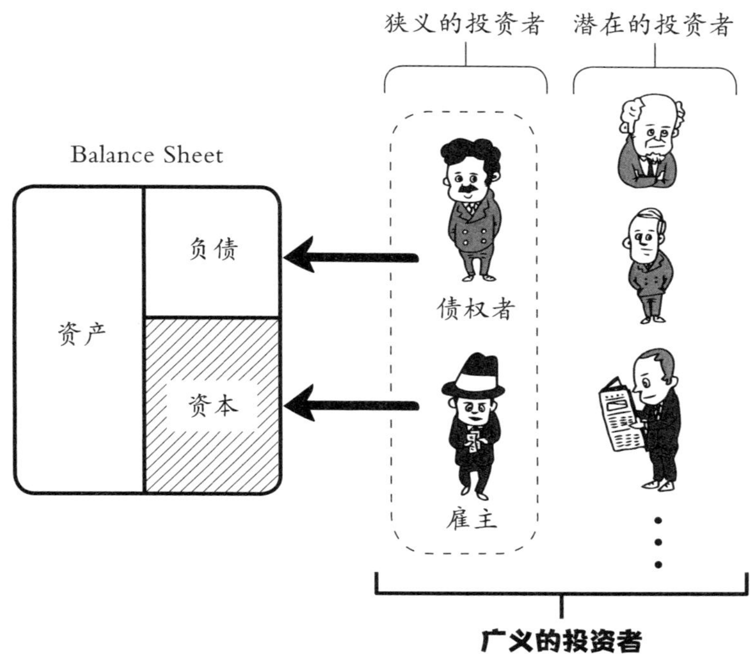

04 公开与私密之间巨大的界限

公开与私密，该走哪条路呢

公开革命使公开发行股份的公司背负接受监察和公开企业信息的义务，保护了潜在股东及投资者。

这一财务会计中的新兴革命，由美国扩散到了其他国家。

如果公开发行自己公司的股份，持股人会得到巨额的利益，这无疑是股份公开发行的最大好处。

相对地，股份公开发行的坏处，就是要负担起社会责任。

公开发行股份，就是一种从毫不相关的他人那里筹集资金的行为。这从社会性来说，是一种责任重大的行为。如果公司带着钱逃跑，或是有粉饰行为，会损害到股市整体的信誉。

因此，公开发行股份的公司，需要向社会“公布准确的经营报告和会计报告”。

虽然每个国家的标准不尽相同，但是对于公开股份的“Public Company”所制定的规则都非常严格。每一季度进行一次严格的结算，接受会计师的监察，要求这些公司必须制定坚实的内部控制体系。

随着公开企业履行的义务变得严格，经营者就不得不思考“是否应该公开发行股份”。

如果仅仅是私人公司，由家人、朋友和陌生人股东出资（E）及借款（L），那只要向他们进行结算报告。

但是如果成了交易所中公开发行股份的公司，就必须对潜在股东及投资者透明地公开信息。

在美国，向投资者公开的报告叫作年度报告，在日本叫作有价证券报告书。看一下这个报告你就会知道，这里面写了相当详细的内容。从公司的角度来看，制作它会花费相当多的时间。

经营者如果公开发行公司的股份，资金筹措会变得更为容易。公司的知名度上涨，吸引人才也会变得更轻松。同时，公开股份，就要进行企业信息公开并接受监察。

意大利的科西莫·德·美第奇在从父亲那里继承银行业务的时候，他的父亲提醒他“尽量在公众看不到的地方做生意”，500年后，市场情况发生了巨大的变化。公开发行股份的公司，必须负起相应的社会责任。

“在公众看不到的地方”作恶，会受到社会的制裁。

对公开公司要负担的社会责任尽头不知道会在哪里，通过以安然事件为开端的《萨班斯-奥克斯利法案》（简称《SOX法案》）可以看出，它们也在逐渐强化内部控制。

公开与私密，该走哪条路呢

公开公司因信息公开，制作的财务报表，已经和意大利商人的家庭账簿截然不同，成了更为宏大的表格。

在大型企业中，会计业务和中世纪意大利不同，仅仅靠一个人无法完成。现代的财务，一般是通过分工来完成不同的工作内容。

另外，各国都在制定“统一的会计规则”，这些规则也渐渐变得更为复杂。

如果放任各公司，就会出现错误和不正当行为，所以在制定了统一的会计规则的基础上，各公司还要接受来自专家的监察。美国制定的U.S.GAAP（Generally Accepted Accounting Principles），就是保证股市“公正妥当”的会计原则。

美国的证券交易所，想让股票上市的公司，必须根据U.S.基准来制作、报告财务报表。各国拥有自己国家的会计原则，美国为U.S.GAAP，英国为U.K.GAAP，日本的会计原则为Japanese GAAP，中国为PRC.GAAP。

是否如规则说的那样正确制作财务报表，对此进行监察的任务，在美国由CPA（Certified Public Accountant）来完成。这里请注意，CPA的P指的是Public。

大萧条后的美国会计制度改革，暗含着社会责任，“Public”可以说是个重要的关键词。

但这个词在日语中没有恰当的翻译。我把Public Company叫作“公众公司”或者“上市公司”，但是作为Public的翻译来说，无论如何都无法完全契合。硬要翻译成“公共”的话，Public Company就成了国营企业。

日本人的“Public”意识十分薄弱，拥有更为强烈的村落（Private）意识。不知是否因为这个，“为什么必须接受监察”“为什么不能进行内幕交易”“内部控制也太麻烦了吧”这样的声音不绝于耳。

内幕规则，正是因为公司的“公开”而被禁止。公开公司并不是经营者的私有财产，不能以私人利益为目的进行诱导。另外，拿着别人的钱，理所当然要进行内部治理。

PR是国王的工作，IR是老板的工作

奥黛丽·赫本主演的电影《罗马假日》中，有这样一个场景：她隐藏了公主的身份，在与格利高里·派克所饰演的新闻记者聊天时，她被问道：“你父亲的职业是什么？”

她回答道："Public Relation." 确实，PR是国王的工作。日本将PR翻译为"宣传"，PR在很多时候有"推销"的意味。

用《罗马假日》的风格来说，Investor Relation（投资者关系）并不是会计的工作。不仅要制作财务报表、制作经营报告，还要与未曾谋面的"投资者"构建良好关系，这就是老板的工作了。

Public Relation是国王的工作，Investor Relation是老板的工作。

近来，有很多公司在网站上用"致各位股东、投资者"来区别表示，认为"股东"和"投资者"是不一样的。如果仅向"股东"进行结算报告，直接发送邮件就可以了。但如果要向"有可能会购买股票的"投资者传达信息，那就必须用无论是谁、无论他在哪儿都可以看到的形式来进行企业信息公开。

近年来，无论哪个国家都致力于通过互联网充实企业信息公开体制，美国有EDGARS（Electronic Data Gathering, Analysis, and Retrieval System，电子化数据收集、分析及检索系统），日本有EDINET（Electronic Disclosure for Investors'NETwork，投资者网络电子披露系统），中国有证监会指定的信息披露网站，只要看一下这些网站，就能够免费阅览各公司的年度报告或者有价证券报告书。

原则上，私人公司的财务报表除了直接从公司那里得到之外，没有别的方法获得。如果是股东或债权人（银行），可以要求公司提供财务报表，外部人员是无法看到财务报表的。

另外，对于私人公司，换言之就是中小企业，即便是能够得到财务报表，在阅读的过程中也有必要稍稍注意一下。因为，中小企业的财务报表的制作规则与公开公司的财务报表不同，而且基本上没有接受监察。财务报表上写着的数字是否可信，必须保持怀疑。

详细的我们先不谈，在这里请大家清楚一点，公众公司和私人公司的财务报表在规则和信誉上有很大差异。

乘坐破船而来的爱尔兰子孙的凯旋

“乔都这么说了，那就没有办法了。”

多亏无赖们的服从，股价操控和共同购入的情况减少，市场的信誉在提升。一连串的会计改革给公司强加了许多负担，但却保护了投资者。

证券交易法、企业信息公开、CPA的监察制度——启动了这一连串改革的SEC首任主席乔，卸任后的1938年，被任命为英国大使。

祖父自利物浦乘坐破旧不堪的蒸汽船来到美国的90年后，他的子孙终于乘坐“豪华蒸汽船”回到了英国。

对爱尔兰人来说，“英国大使”的职务有特别的意义。到了第三代，终于实现了祖父帕特里克“在新大陆大干一场”的梦想，但是故事并没有到这里就结束。

乔结束了英国大使任期后，从政界隐退，与危险的生意断绝关系，以清白的模样工作。他开始培养自己的儿子成为总统。

“我的儿子就拜托了。”

乔开始把儿子带到各处。

终于，第四代移民的儿子成了美国首位信仰天主教的总统。

只不过，拥有超高人气的 J. F. K. 由于凶手发射的子弹倒下不幸身亡。追随哥哥的脚步，以总统为目标的弟弟鲍勃也被暗杀，肯尼迪一家的不幸接踵而至。

度过了曲折晚年的乔被亲人守护着，到1969年安静地走了。回头看，这的确是短暂无常的人生。

从乔的时代开始，公开革命打下了扎实的基础。

保护投资者成了美国长久以来的传统，建立投资者可以安心出资的市场环境被付诸实践。不知不觉，美国成了世界上拥有最为优秀的会计基准和监察制度的国家，受到许多赞赏，成了世界各国的企业信息公开制度的榜样。

多亏了你进行的改革（Revolution），才有了世界上“新手也能轻松参与”的股市。股市变得活跃，经济形式也变得更为丰富。

不管是在雷曼冲击的时候，还是最近发生虚拟货币交易问题时，SEC的员工一直作为市场的看守者，认真地做着他们的工作。

多亏了你跨出正确的一步。多谢，乔。

延伸阅读

1. 在法国吃不到的法式炸薯条之谜

麦当劳等快餐店的土豆条被叫作“法式炸薯条”（French Fried），但这并不是法国的特色小吃，法国人反而对土豆敬而远之。如果要说哪国炸薯条非常好吃，还要数比利时。它之所以被称为“法式炸薯条”，是因为美国人误认为这是法国食物。

2. 监察

我们知道会计的功能是说明，监察的功能是倾听，这些暂且不提，问题在于，在监察上花费的成本由谁来负担。有人认为，它作为公共服务，该由国家来负担，但是在日本，这项成本规定“由接受监察的公司来承担”。从监察人的角度来看，监察公司就成了他的客户，这就会造成很难进行严格的监察。

3. 自有资本比率

它是在资产负债表的右侧，显示了自有资本（资本+利润盈余）有多少的比率。这一比率高时，负债较少；比率低时，负债较多。自有资本比率与负债比率是一种相反的关系。

4. 内幕交易

对上市企业的经营者来说，内幕交易要格外注意。凭借内部信息，买卖股票来赢利是被禁止的行为。这会打击不知道信息的投资者，人们就会对证券市场失去信任。

5. 电传打印

大萧条时代，股价是密密麻麻地写在不断滚动的纸带上的，用来做这个的，就是电传打印机。大萧条时，手动录入的速度无法跟上，用电传打印机将股价显示出来，就会花费相当长的时间。

6.《格拉斯-斯蒂格尔法案》

为了向有功者表达敬意，美国法案有时会用他们的名字来称呼这些法案。这一法案便取名自民主党上院议员、原财务长官卡特·格拉斯和民主党下院议员亨利·B. 斯蒂格尔。

7. 股票公开发行

它是指让未上市公司的股份在证券市场上流通。通过公开募股和出售来公开发行新股，被称为首次公开募股，英语叫作IPO（Initial Public Offering）。

8. 内部控制

它是指一种防止错误和不正当行为的内部组织架构。它与警察、监察这样外部性的威慑力不同，是由公司自己构建的、预防错误和不正当行为的组织架构。人非圣贤，必定会有错误和不正当行为发生，因此可持续性的对策比什么都重要。

9. 安然事件

2001年发生的大型造假事件。这样的粉饰时有发生，这撼动了乔治・W. 布什政权。基于对这一事件的反省，要求企业改革的呼声很高，这与《SOX法案》（内部控制法案）有所关联。

第6章

21世纪全球化　国际革命

1941年，放眼望去，港口城市利物浦遍地惨不忍睹。

这座城市曾为第一条铁路开通而欢声沸腾，又因为新大陆的移民而热闹非凡。现在它被投放了一枚枚炸弹，每当空袭警报响起的时候，市民就往避难所逃去。

在暗夜中潜藏着的，正是德国的轰炸机。

第二次世界大战中，德国空袭英国，拉开两国交战的序幕，以伦敦为首的主要城市受到了偷袭。

利物浦有造船厂等军事据点，成了德军攻击的重点目标。

利物浦市民一边震怒，一边抬头望向天空——100多年前，为庆祝蒸汽机车开通而鸣炮庆祝的那一片天空。

01 热衷汽车的机车驾驶员的儿子

德国战斗机上搭载DB引擎

从利物浦铁路开通起，到敌军炸弹降落时，经过了100多年。

这期间，人们的交通方式经历了“铁路→汽车→飞机”的演变，发生了翻天覆地的变化。交通工具的普及，促进商业飞跃发展，人们的生活也变得极为便利。

不幸的是，这些工具也成了战争武器，将市民卷到战火之中。

机车、汽车、卡车，还有飞机，全都成了战争中的武器。特别是在20世纪，武器性能提升，战场上死伤激增，酿成了悲剧。

第二次世界大战非常惨烈。华尔街股价暴跌引起世界大萧条，经济跌入谷底的德国推进了重整军备计划，这是不幸的开始。工业力量强大的德国钻研武器开发，纳粹党的空军眨眼之间就在欧洲实力首屈一指。

这一时期的德国战斗机上，搭载了名为“DB”的引擎。

DB是“戴姆勒–奔驰”的缩写。“B”指的是卡尔·本茨[1]，他是汽车之父，制造出了世界上最早使用小型引擎的汽车。

我们稍稍将时间的指针倒回到本茨的童年，从一个悲伤的故事开始说起。

机车驾驶员的儿子卡尔，以制造汽车为目标

在英国，透纳的机车画成了1844年的话题。

在德国卡尔斯鲁厄，人们心心念念的蒸汽机车来了。

人们为目睹蒸汽机车赶到这里，震惊于机车疾驰的高速，不断地发出欢呼。人们的欢呼声与视线所及之处，都有约翰自豪的身影。

约翰是令人羡慕的蒸汽机车驾驶员。在驾驶过程中，由于工作人员的失误，列车脱轨，约翰和同事们一起竭尽全力使机车回到了轨道上，此时他染上的感冒引发了肺炎，36岁就去世了。

于是，约翰的儿子卡尔·本茨两岁就没了父亲。

虽然不记得父亲的样子，但是卡尔也非常喜欢蒸汽机车，小时候一直画蒸汽机车。他追随父亲的步伐，就职于蒸汽机车制造厂，他的汽车制造梦也在逐渐发酵。

1 卡尔·弗里德里希·本茨（Karl Friendrich Benz）：1844—1929年，世界上最早制造出搭载小型内燃机汽车的技师，被称为“汽车之父”。

有一天我要造出汽车

卡尔向着梦想跨出了一步，这是一条非常危险又艰辛的路。

他非常努力，研发出了试验车，但还有最后一个难题——城里人的反对。

令人难以置信，世界上第一个开发出汽车的城市英雄，饱受人们的谩骂和诽谤。对于只见过马车的市民来说，汽车过于新奇，非常碍眼。

吵闹的噪声和喷出的烟雾中，孩子起哄道："这是女巫的车！"老人跑到政府机关抱怨："快点停下吧。"因这样的骚动，卡尔的汽车被政府限制，无法在路上行驶。

明明研发出了试验车，却不允许在街上试行。好不容易得来的希望，大家为什么要让它破灭呢？完全不能理解，不能忍受。

他的梦想就让我来守护。贝瑞塔静静地下定决心。

她对15岁的长子和13岁的小儿子说："我带你们去暑假旅行。只不过，要对父亲保密哟。"

早晨，三人悄悄地上了父亲的汽车，启动了引擎，目标是200公里外的贝瑞塔娘家。这是世界上第一次长途汽车兜风。

早上，卡尔醒来后发现，家里一个人都没有。车库里的汽车也不见了。

"被摆了一道。"

卡尔心想就算追上去也来不及了。这时，母子三人正在兜风。在上陡坡时，车子停了下来。没有设想到陡坡，车上没有安装上坡的排挡。

长子和母亲在后面推，小儿子手握方向盘，想办法爬上了坡道。路途中，还出现了链条故障、燃料不足等情况，但是三人一边修理，一边继续旅行。路途中，人们目不转睛地看过来，但三人并不在意。

当周围开始被黑暗包围的时候，渐渐可以看到目的地的灯光了。

他们一边发出欢呼声，一边下坡，冲向普福尔茨海姆的街道。满头大汗、满身的灰尘和油污，三人虽然精疲力竭，但兴奋地向卡尔发送了电报，告诉他这一消息。

收到这封电报的卡尔放心了，同时“悄悄地为他们感到骄傲”。

这一次无计划的兜风，让他发现了几个重要的改善点，卡尔立刻在汽车中加入了上坡排挡。改良后的汽车，在慕尼黑工业博览会上获得了金奖，逐渐被人们所知晓。

卡尔的妻子与两个儿子守护了他的梦想。

对资产负债表的右侧感到苦恼的卡尔·本茨

在汽车的祖国——德国，或者是其他国家，人们依然对“女巫的车”抱有强烈的抵触，汽车只能卖出去极少量。

“只要做出来就能卖出去”，投资如果有回报，针对这一投资的筹措可以通过“负债”（L）来进行。但是“做出来却卖不出去”，投资面临风险，资金筹措依赖于负债就非常危险。这时，通过没有还款义务的资本（E）来筹措最为理想。

开发汽车时，卡尔就知道应该以非借款的形式来筹措。

他找到了愿意投资汽车的同伴，但还是有不少问题。虽然对出资方没有还款义务，但同伴会插手经营。卡尔与出资方之间，光是围绕公司经营，就发生了很多纠纷。

他问妻子的娘家要过钱，被法院扣押过财产，被出资方逐出了自己的公司……卡尔历尽艰辛，甚至有点可怜。

回忆一下就会发现商人在各个时代、各个地方都面临各式各样的风险。

意大利商人面临被盗贼袭击的风险。

英国铁路公司的经营者面临无法筹措巨额投资的风险。

卡尔·本茨面临“投资没有回报”的风险。

卡尔的公司克服了经营分歧和资金危机后，能稳定地生产和贩卖汽车了。

卡尔对于技术很有自信，解决了资金问题，他一鼓作气地推进汽车的制造。

这时，在斯图加特城里，戈特利布·戴姆勒也和卡尔一样致力于汽车开发。德国由于第一次世界大战战败背负了巨额赔偿金，经济形势下滑，这两位对手开展了业务合作，1926年合并成了“戴姆勒–奔驰”公司。

戴姆勒–奔驰公司对德国经济起到牵引作用，发展顺利。因为技术太高端，戴姆勒–奔驰深深地卷入第二次世界大战。奔驰的粉丝希特勒命令该公司制造武器，研发飞机引擎。正如本章开头所讲，安装了DB引擎的战斗机轰炸了英国。

为什么安装了高性能DB引擎的德国空军失败了

在这里，我想稍稍转换一下视角。

德国飞机安装了性能卓越的DB引擎，为什么战败了呢？

德国的战斗机和轰炸机在性能上，绝不输给英国，拥有战斗机的数量也远远超过英国。战前许多声音认为，德国更占优势。

顺带一提，这场战争发生前夕，驻扎在英国的美国大使乔·肯尼迪曾向华盛顿发送消息“英国可能会沉没”，激怒了罗斯福总统。

英国战胜德国的背后，有“雷达”这个秘密武器。

英国通过雷达，能立即察觉德国飞机，尽早进行应对。通过雷达的开发和灵活运用，英国取得了胜利。德国虽然热衷于武器开发，还是小看了雷达。

不依赖武器战斗，凭借信息取胜——这在信息化社会，成了任何国家、任何企业的口头禅，它崭露头角是在这场战争中。

当信息成为武器时，通信技术就不可或缺了。英国的铁路公司首先采用了通信技术，英国开始掌控世界霸权。

02 以海运和IT掌握霸权的英国全球化战略

被处以绞刑的男人

距离伦敦29公里远的斯劳发生了杀人事件。

被害人是一名50岁上下的女性。她的交往对象被视为犯罪嫌疑人，从现场逃脱了！

这位嫌疑犯从斯劳站，乘上了驶往帕丁顿站的列车。

这一消息传来时，恰好是1845年元旦。事件正巧发生在前一年透纳所画的那条铁路上。

斯劳站的工作人员发送了“嫌疑犯从这里去往帕丁顿站”的电报。

“穿着贵格教徒风格的服装，褐色外套下摆较长，在从前往后数第二节的一等车厢尾部上车。”

收到了电报的铁路警察，在列车到达后立刻开始尾随嫌疑犯，不久后就逮捕了犯罪嫌疑人约翰·泰威尔。

他在杯子中放入氰化钾，毒杀了他的情人。之后，他离开现场，企图乘火车逃走。

如果使用其他方式就有可能逃脱，但可惜的是他选择了最早引入电报的西部大铁路。

他被判处了绞刑。

《电线勒住了犯罪嫌疑人的脖子》这出逮捕戏码成了新闻头条，令世人震惊，当时“电信”还没有广泛普及。通过电报就能逮捕犯罪嫌疑人，“电信”展示了它的实力。

“电信”是铁路公司梦寐以求的技术。

早期的蒸汽机车刹车技术有所欠缺，经常发生追尾和脱轨事故。

列车的运行数量增加后，如果前面的列车一会儿故障，一会儿脱轨，就会发生追尾。为了避免这样的情况，就需要在站与站之间传达“安全运行”“发生故障”等信息。

铁路公司都非常渴望得到电信技术，避免铁路事故发生。

从有线通信到无线，接着是雷达

连接车站的电信技术，是由英国人库克和惠特斯通开发，并卖给铁路公司的。在数条铁路上，爆发了反对电信的示威游行，乔治·史蒂文森的儿子罗伯特·史蒂文森也参与到了游行当中。

最后，西部大铁路引入了电信技术。无论从先前折旧方案的提出看，还是从电信的引入看，西部大铁路都是一个非常“喜欢新事物”的公司。

铁路公司使用了电信技术，能安全有效地运行列车。不久后，莫尔斯电码代替了库克-惠特斯通系统，进一步扩大了通信范围。

通信网络的扩大是一次飞跃性的进步。英国国内的通信网扩大了，连接英国和新大陆的横穿大西洋的电缆也应运而生。

继有线通信之后，19世纪后半叶出现了使用电磁波的无线通信技术。通过无线通信，航行船舶之间能实现通信，航海的安全性得以提升。进入20世纪后，无线通信除了活用于广播、电视，英国还推进了军用“雷达”的开发。

英国开始开发“雷达”是在第一次世界大战之后。

伦敦市民在一战中受到德军空袭，对这一经历感到恐惧和愤怒。由于这样的经历，英国围绕“怎样才能应对敌机的来袭”，进行了多次探讨。

“镭射激光”就是这些对策中的一条。使用强有力的激光破坏来袭的德国飞机，这种想法虽然像科幻片，但也曾被认真探讨过。

尝试开发雷达的，是英国国立物理学研究所的罗伯特・沃特森・瓦特。沃特森・瓦特是詹姆斯・瓦特的孙子，他认为激光这个想法“非常愚蠢”，对此付之一笑。但是他积极地研究无线电来探测敌机。

发送电波后，让飞机反射回来，通过捕捉这一信号就能测量位置。沃特森・瓦特的试验获得了巨大成功，这一技术就是雷达（radar: radio detecting and ranging）。

英国城市虽然在第二次世界大战中受到了很多次空袭，但是因为有雷达，它们至少成功防御住了安装DB引擎的纳粹战斗机的攻击。

使英国繁荣的三角贸易

有线、无线、雷达……由于铁路的出现而诞生了无线电通信的英国，因为技术进步一气呵成地扩大了通信网。

20世纪后半叶，网络连接了电脑，人们开发出将信息详细地以数据包的形式传达，在终端再解码的技术。有了因特网，我们才能收发电子邮件，进行信息检索、网络金融交易。

我们可以看出，从铁路分出了工业化和信息化“这两个发展方向”。

一条是从蒸汽机车向汽车、飞机发展的交通工具的“工业化”。

另一条是交互信号，向无线、因特网发展的“信息化”。

20世纪后半叶，以铁路为起点的“工业化”和“信息化”的漫长轨道，再次交会到一起，人和物能在短时间内移动，钱和信息跨越了距离，可以瞬间结算和通信。这样一来，我们终于到达了“全球化”的新世界。

从利物浦—曼彻斯特铁路出现的1830年开始，全球化发展的不到200年的时间里，世界的霸主发生了翻天覆地的变化。

19世纪，英国走向全球化。其成功的原因，在很多时候被一言概括为是工业革命的功劳，但不仅是这一点。

我们知道，由于工业革命，曼彻斯特的纺织工厂成功实现了机械化。但是由于英国处于纬度较高的寒冷地带，无法栽培作为原料的棉花，因此他们考虑“从别的地方低价进货”。美国南方等地就被选为了栽培产地。从非洲运送奴隶到这里，降低生产成本，最后在机械化的英国工厂完成棉织品加工——这样的“三角贸易”体制就形成了。

从非洲向美国南方运送奴隶，在美国南方采摘棉花运往英国，将棉质品和枪运往非洲。三角贸易体质，让英国开始统治这一地区的海上贸易。

正是大型蒸汽船和活用了蒸汽船的海运网络，支撑着这个三角贸易体制。

利物浦可以说是这一海运的要塞港口。利物浦是将黑人奴隶运往美国的中转地，另外，它也是棉织品运往各地的出发点。在很长一段时期内它都是海运和造船的重要地点，所以这里才最先被纳粹德国盯上。

20世纪90年代出现的关键词“全球化”

为了维持三角贸易体制，英国对蒸汽船、港湾设备等基础设施进行了投资。

另外，在19世纪，英国在扩大通信网络上也投入了大量资金。英国在设置海底电缆以及横穿大西洋的无线电通信等通信网络的设备上投入了巨大精力。

这样一来，英国构建了包围大西洋，既运输物品又运输信息的网络。使用这一电信网络，就可以进行贸易货款的结算。利用了通信网络的结算服务，使得英国在意大利银行网络服务的基础上更上一层楼。

由于领先于世界各国构建了通信网络，英国将巨额的手续费收入囊中。第一个构建便利网络的人会赚钱——这是历史的经验。

英国所完成的海路与通信网络缩短了英国和美国的距离。

移民、资金、信息，还有贪欲，各种各样的东西渡过了大西洋。在那之后，通信网络也扩大到了欧洲和亚洲各国，全世界因此被连接到了一起。最终，因特网一出现，就一口气推进了世界的全球化。

虽然在此之前，我们也在使用“全球”（Global）这一词语，但是它拥有“国际”这一意义，是从20世纪90年代才开始的。在此之前说到“国际”，首先会让人联想到“国际间的”（International）这个词。

我认为，“全球化”这一关键词突然间开始被使用，是从因特网出现、柏林墙被推倒的20世纪90年代开始的。

Global的词源“Globe”原本指的是地球。将它转换一下，Global就意为“整体”。Global含有这样的意义：国家与国家并非只是连接了起来，我们其实已经是“一个整体”了。

从1995年发售的Windows95开始，电脑开始联网。

1997年，四散的世界各国航空公司组成了联盟。

1998年，欧洲引进了区域内的统一货币欧元。

这些20世纪90年代完成的事情，全都是超越了“联结”，想要成为“一体”的行动。20世纪90年代，德国某家非常有名的企业向着“全球化”踏出了一步，那就是戴姆勒-奔驰。

从第二次世界大战残酷的打击中重新站起来，戴姆勒-奔驰成了在全世界都享有盛誉的高级汽车制造商。戴姆勒-奔驰在20世纪90年代做了一个重大决定，那就是德国企业首次在纽约证券交易所上市。

03 金融资本市场的全球化和国际会计基准

在德国基准下有盈利，在美国基准下却有亏损的戴姆勒-奔驰

20世纪90年代，戴姆勒-奔驰已经是受到世界各国顾客喜爱的全球性品牌。虽然它的汽车已实现全球销售，但是它们还想将“筹措”也变得全球化。

已在德国证券交易所上市的戴姆勒-奔驰，以在美国进行资金筹措为目标，计划在纽约证券交易所上市。

戴姆勒-奔驰于纽约上市时，发生了一个小小的“事件”。

同一个公司，在德国的会计规则下有赢利，而在美国的会计规则下重新计算的时候，却变为有亏损。关于“国家不同，会计规则有所不同”这一事实，会计专家就不用说了，许多经营者也都知道。即便如此，像戴姆勒-奔驰这样的公司“在德国有赢利，在美国却有亏损”的事实，依然给了经济界相当大的冲击。

当时，作为美国会计基准的U.S.GAAP被很多人认为是“世界上质量最高的会计规则”。不仅如此，由于这一事件，甚至流传出了“德国的会计基准过于低下”的质疑。

说到这一事件发生的1993年，正值全球化开始发展。在会计界，不仅要“连接各国的会计规则”，制定“一个统一会计规则”的行动也一下子增多了。

不过，如果观察一下奔驰公司的步调，就会发现“资产负债表右下方的出资者”发生了巨大变化。对于原本是卡尔·本茨所设立的小公司，家人和认识的人进行了出资。随着公司规模的变大，出资者在不断增加。于是他持有的股份比例降低，这家公司变得不再是他的公司。

顺带一提，他曾被赶出过奔驰公司一次。被赶出以自己名字命名的公司，想必是他有所疏忽了，但是，由于急剧发展而增加股东的公司中，这样的情况并不少见。

这之后，它与戴姆勒合并，成了戴姆勒-奔驰，在德国证券交易所上市后，戴姆勒-奔驰在全球化的浪潮中更进一步：在美国证券交易所上市了。这样一来，就变为了由美国乃至全世界的投资者共同出资。

因为IT的发展而到来的全球化时代，投资成了跨国行为。

也就是说投资者（Investor）成了海外投资者（Global Investor）。

在全球性投资的时代，会计规则也应该全球化——在这种声音的推动下，“会计基准国际化”的步伐开始了。

围绕国际会计基准展开霸权斗争的美国和英国

英国于19世纪在通信网中建立了立足点，到了20世纪，世人看到了更进一步的发展，以股份市场为首的金融资本市场的全球化在加速。

银行交易、保险、股份投资等所有的金融交易都可以在网上进行了。金融世界，早已没有了国界之分。

在这样“无国界投资”的时代，不同规则非常不方便。像戴姆勒-奔驰这样“在德国有赢利，在美国却有亏损”，投资者就不知道该相信哪一边。

为了保护全球投资者，最好使公开公司的会计规则统一化——这样一来，“国际会计基准”就出现了。

要制定世界上“唯一”的会计规则，并不是这么简单的。

20世纪70年代产生的国际会计基准IAS（International Accounting Standards）中，“总论”虽然所有人都赞成，但是围绕“分论”却不能达成统一。这是由于每个国家都希望“规则对自己的国家更为有利”。

国际会计基准是什么

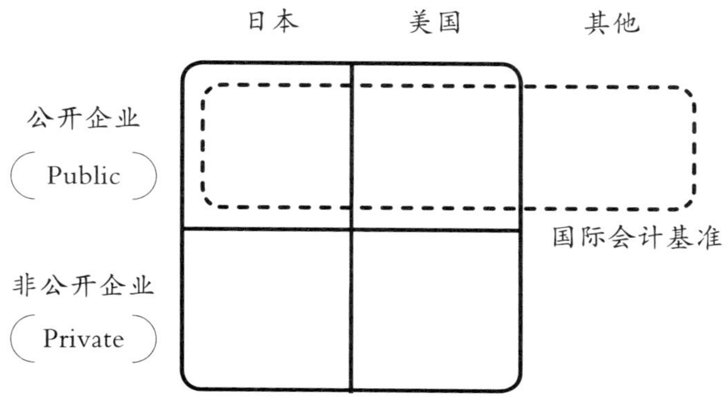

美国和英国处于讨价还价的中心地带。国际化刚开始的时候，相比而言美国和英国的关系还是比较好的，但是随着工作的推动，两国不一样的想法就逐渐浮出了水面。美国自信满满，认为“世界上质量最好的规则是我们的”；与之相对，英国也毫不相让，认为“我们的才是适应新时代的规则”。两国之间的鸿沟无法跨越。

美国打算以“自称世界第一”的会计规则U.S.GAAP为基础来制定国际会计基准。与之相对，英国叫上了欧洲同盟国，形成了IFRS（International Financial Reporting Standards）这样一个新的阵营。

这场美国对英国主导的IFRS战争，硬要打比方，就像是“本大王胖虎[1]（美国的U.S.GAAP）VS登上了新的人气王宝座

1 胖虎：日本动画及漫画《哆啦A梦》中的角色，个性粗暴，容易冲动。——编者注

的小夫[1]（英国主导的IFRS）”。

这场战争，以一种意外的形式了结了。美国竟然提出了“接受IFRS”标准。“那个胖虎竟然……”，全世界都为之震惊。

但是，美国表面上一副“接受了IFRS”的温和面孔，但是心里却想着“在背后控制IFRS吧”。一边表面上抛弃了U.S.GAAP而采用IFRS，一边谋划着要将IFRS变为美国流派这样“舍弃名字而夺取实权”的战略。

英国只能忍气吞声，IFRS注入了“美国流派”的思想。

围绕IFRS，英国和美国之间的调整至今仍在持续。将来，是否能完成美国和英国双方都接受的IFRS，现在还不清楚。

在这里犹豫不决的“大雄[2]日本”被夹在胖虎和小夫之间左右摇摆。当时日本的公开企业，根据以下三种会计规则“任选一种”进行结算。

日本基准（大雄基准）、U.S.GAAP（胖虎基准）、IFRS（小夫基准）。

500年来会计主角的变化

“国际会计基准”是世界上“唯一”的会计规则是件好事，原本曾是IAS（International Accounting Standards）的标准发展之后变为了IFRS（International Financial Reporting Standards）。

1 小夫：日本动画及漫画《哆啦A梦》中的角色，性格自大、骄傲。——编者注
2 大雄：日本动画及漫画《哆啦A梦》中的角色，性格懦弱，胆小怕事。——编者注

两者在日语中皆被翻译为“国际会计基准”，所以日本人没有注意到，以前的“A：Accouting”（会计）一词变为了“R：Reporting”（报告）。

从“会计”到“报告”，这绝不仅是名字的问题，其背后有着巨大的变化。

最重要的，就是会计“主角的变化”。

从中世纪意大利时的簿记开始，到荷兰东印度公司的时代为止，说到会计，它的主角是经营者本人。会计是为了明确自己的赢利。

但是在英国工业革命中，从蒸汽机出现开始，情况就逐渐发生了改变。

铁路公司从陌生人股东那里筹措大规模资金，不断引进监察，这时就需要向股东出具可靠的财务报告。

接着，以美国的大萧条为契机，开始保护“广义的投资者”，制定了由CPA进行监察的企业信息公开制度。这样一来，财务报告的可行度才得以保证。

最后，全球投资者一出现，会计的目的就成了“为投资者提供有用的信息”。在这里，主角不是“自己”，而变成了“接收信息的投资者”。

也就是说，在500年的历史中，会计从“为了自己”，变成“为了他人”而进行。

当然，会计的基本目的是“记录、计算和说明经营活动”，在此限定之下“为了自己”而进行是理所当然的。但是从英国到美国，还有全球化的历史来看，我们可以发现，向“投资者”提供信息一点点地被重视起来。

这样的转变，影响了会计规则产生了重大的变更。比如说围绕资产评价的“原价主义向时价主义”的转变。

围绕资产评价而展开的“原价VS时价”的战争

在资产评价中，“原价VS时价”的战争正如“天主教VS新教”的战争一般，难以决出胜负。除了当事人之外，在不清楚对立的本质这一点上也非常相似。

原价和时价的不同

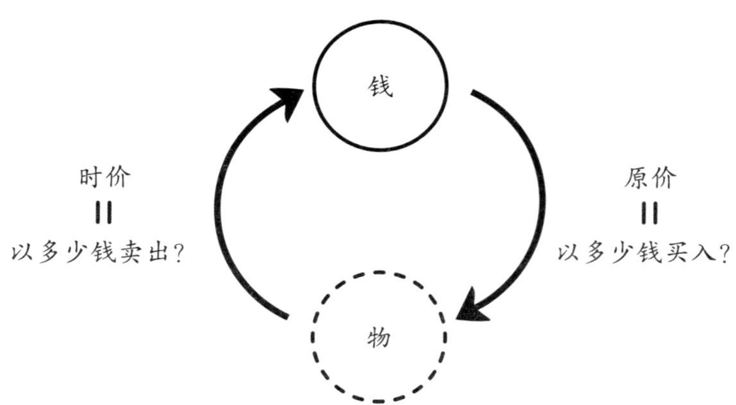

如果追溯到意大利，商人记账、明确赢利是为了“分配赢利”。账本中所计算的赢利（利润），成了给股东分红和给国家支付税金的标准。利润能够调整经营者和投资者的利益关系。

人们讨厌资金中虚拟的利润，虚拟利润中的分红和税金都无法支付。因此，在重视利润的规则中，人们比较喜欢基于“原价”的资产评价，而讨厌计算无法分配账面收益的时价。

与之相对，在乔·肯尼迪之后，逐渐强调投资者保护而开始出现的新型规则中，为投资者“提供信息”是比什么都要优先的事情。这种情况下，人们则希望以更好地表现资产现状的“时价”来评价。

综上所述，根据将会计的目的放在“为了自己的利润”上，还是“为了投资者的信息提供”上，人们所期望的规则有所不同。

那么，让我们将话题拉回到国际会计上来。虽然美国和英国围绕主导权而发生争执，但实际上，这两个国家都是时价主义的爱好者。也就是说，接下来，国际规则一定会由原价主义向时价主义的方向发展。这一趋势已经开始了。

这为长期以来“喜爱原价主义”的日本带来了困惑和混乱。

自明治维新以来，日本在制定会计规则的时候，都是以德国为样板的。与喜欢时价的美国和英国相反，德国和日本非常喜欢原价主义。

时价主义爱好者英美VS原价主义爱好者德日，在这样的背景下，英美两国的喜好与推进了“从工业到金融的产业转变”有着很大的关系。与之相对，德日两国都喜爱制造东西，是制造业强国。

对建筑物和机械比较依赖的制造业，一边对建筑、机械进行“原价”评估，一边进行着折旧计算；而在金融业中，固定资产非常少，大部分资产是金融资产，人们更习惯于“时价”评估。

在制造业中，“利润”才是最重要的，它注重计算利润的损益表；金融业中，比起利润，以时价评估的“资产负债表”更受重视。

目前，在日本的公开企业中有“三种会计规则”，对此我已经进行了说明。那就是“日本基准（大雄基准）、U.S.GAAP（胖虎基准）、IFRS（小夫基准）”。

这三种规则全都是沿袭了最近英美流派“重视向投资者提供信息”的倾向而制定的，但是其中，按照“日本基准→U.S.GAAP→IFRS”的排序，“喜欢时价主义”的程度逐渐加强。

像这样喜爱时价主义、重视资产负债表的趋势是无法阻挡的。即便如此，人们对英国IFRS“爱好公允价值（时价）”除了惊讶，还留下了一些感慨。

有价证券我们可以理解，但有时，英国认为连建筑物都应该用“公允价值”来评价，不愧是在伦敦大火之后禁止木造建筑而推进石造建筑的国家。确实，石造建筑也有经历了岁月流逝而价格上涨的时候，这对有着木造建筑文化的日本人来说是难以理解的。

04 企业并购的增加和现金流量计算表

向凡·高的《向日葵》流去的日本投资货币

“人是不是一种无法从失败中学习的生物呢？”

历史中发生了数次“泡沫事件”，令我有了这种想法。

从前有17世纪在荷兰发生的郁金香泡沫事件。

20世纪前半叶时，美国股市发生泡沫，引起了大萧条。

在20世纪后半叶的日本，有股票和土地价格暴涨引发的泡沫。

正值日本泡沫时期高位，以日本企业“收购帝国大厦”为代表，出现了许多类似“日本要买下美国”这样夸张的新闻。这与美国经济低迷也有关系。

其中，令世界为之震惊的，就是“安田火灾海上保险股份公司以58亿日元中标了凡·高的《向日葵》”这一新闻。

一幅画58亿日元，这在当时来说是绘画拍卖史上的最高金额。

日本企业的名字曾经很少在绘画拍卖中出现，因此，这成了一条让世界都看到日本景气程度的新闻。

在这一泡沫时期的日本招聘活动中，银行、证券、保险这样的金融公司非常受学生青睐。

业绩良好的金融机构，争相录取大量应届大学生。我也是这一时期的人，我的同级生中的大多数都还就职于金融机构。当时的招聘活动中，“金融”的人气是绝对比物流和制造业要高的。

“金融的工作是最有趣的，而且工资也很高。”虽然自意大利的美第奇家族以来，银行一直是进行商业和工业等买卖的人们“背后的无名英雄”，但是在泡沫时期的日本，风向明显有所改变。

这一“重视金融”的趋势，也蔓延到当时经济不景气的美国，金融业果断地进行了改革。大萧条后的1933年实施的《格拉斯–斯蒂格尔法案》，树起了商业银行与投资银行之间的壁垒，但也于1999年作废，因此诞生了“涉及各种业务”的巨大金融机构。

由于这一趋势，伴随着资本市场全球化的加速，围绕投资而展开的新动作开始了。日本的泡沫经济于20世纪90年代后半叶破裂，但是在美国和欧洲，“全球化的金融商业”兴起，投资“全球化”的趋势与日俱增，投资也开始从制造业流向金融业。

这样一来，伴随着欧美金融机构的兴起，资本市场发生了几处值得关注的变化。

比如说，“Fund”和“企业并购”的增加。

新出现的股东“Fund”

人们听到“Fund”这个词的机会增加了。它原本是“基金”的意思，但是最近开始用于“从许多人那里收取资金，进行专业运作”的投资信托等行为。

从被投资公司的角度来看，Fund是位于资产负债表右下方的“股东”。

不是个人股东，也不是法人股东，“Fund股东”的影响力越来越大。

有着金融机构做后盾，Fund层出不穷。虽然它有各种各样的内容，但无一例外都开始对公司经营产生了极其强烈的影响。

原本，陌生人股东出现以来，股东的货币狂热程度就一个劲地上涨，但是最近的Fund不仅对赚钱有贪欲，直接插手经营的情况也在增加。不再沉默地等待分红和股票的价值上涨，行使表决权，有时候还会使经营者改朝换代，这样“会说话的股东”的影响力在全世界逐渐增强。

Fund本质上是出资者的代理人，所以对出资者来说，必须赚取回报。他们不仅会做出“这会赚钱”这样的判断，还会参与到所有资产的投资当中去。包括房产、自然资源，最近还会出现在画作拍卖会上。

原本在意大利，出资者是家人和朋友。他们既是出资者也是经营者。

但是在荷兰和英国出现的股份公司中，陌生人股东增加，所有权和经营权变得不再一致。另外，股东的货币狂热程度也猛地上涨。

于是，作为20世纪全球化的投资者，对货币的狂热程度更高的“Fund”出现了。随着资本市场的全球化，Fund寻求全世界的“赚钱之所”，到处奔走。

Fund股东的出现，也对公司的经营和会计规则有所影响。

首先，本质上来说，Fund对他人资产进行代理运作，就必须给委托人一个结果。为此，Fund就会拘泥于投资回报率（收益率）。比起对出资方精神上的支持，更寻求具体数据的倾向增强，这也是理所当然的。

要说什么样的收益率判定更受欢迎，那一定是短期性的更讨人喜欢。一年结算一次的话是不够的，最好是半年结算一次，或者是一个季度结算一次。

向现金流量的原点回归

“请问田中先生，虾（EBI）什么的，您知道吗？”

从熟人那里接到这样的电话，是20世纪90年代后半叶的时候。

突然被问到是否知道“虾”，我有些仓皇失措。

在欧洲电信公司日本分社担任董事的他，突然被总公司告知“现在开始所有对分行的评价都要以‘虾什么的’来进行”。

详细地问了一下他才知道那是指“EBITDA”。因为发音为“ebitto-di-ei”，作为会计小白的他才会误听成了“虾”（日语发音为EBI）。

20世纪90年代后半叶，大多数的全球化企业都在使用EBITDA（通称EBI）。

简单来说，EBI是“利润”（Earnings），也就是1年赚到的钱。应该注意的是，正如其名字“Earnings Before Interest，Taxes，Depreciation and Amortization”所表示的那样，它是在扣除“利息、税金、折旧费和折价费”之前的利润。

之所以要在扣除这些之前来计算利润，是因为“利息、税金、折旧费和折价费”的各个项目根据国家的不同，其金额也有很大的差异。

利息和税金根据国家的经济状态和税法，其金额会有很大的不同。另外，各种折价费用根据国家的会计规则也有所变化。除去这些项目，就能表现“公司原本的赢利”。

EBITDA在从20世纪90年代开始增加的企业并购交易中变得备受关注。这是由于，它是一种“与现金相似”的利润。

在企业并购中受到重视的，并不是用各国权责发生制会计复杂离奇的规则来计算的利润，而是“赚到何种程度的钱”这样的现金。

也就是说EBITDA，也是伴随着企业并购增加而出现的一种“向现金回归”的现象。

各国的会计基准以及国际会计基准开始注意到了这种“向现金回归”的现象。

在此之前的资产负债表和损益表这两种表的基础上，又加上了作为新面孔的“第三种财务报表”，那就是“现金流量计算表”（C/S：Cashflow Statement）。

在资产负债表的右下方出现了Fund

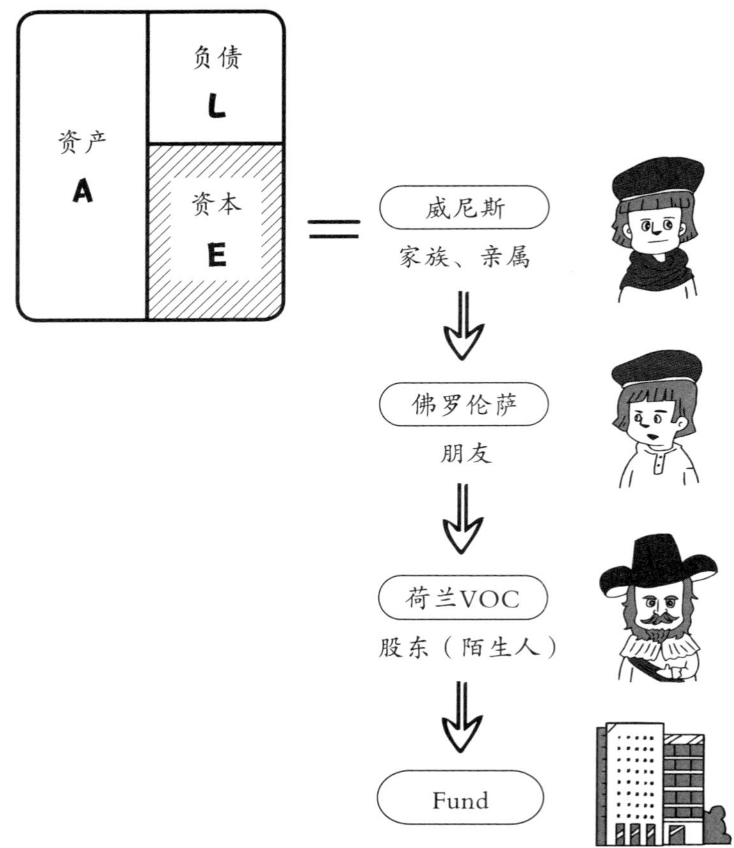

现金流量计算表正如其名字所示，表现了现金的增减，也就是收入和支出。简单来说，就是像零钱账本和家庭记账本一样，是极其原始的收支计算。

由于这一“新人”的出现，财务报表成了“资产负债表、损益表和现金流量计算表”这三种报表。

在这里有必要提一下现金流量计算表所处的地位。

有很多人将现金流量计算表理解为“随着会计基准的国际化而新出现的报表”。不能说是错的，但是这种理解有些过于浮于表面了。我们回顾一下历史就能明白，19世纪初的铁路公司开始由“现金”向“利润”发展，时隔200年，又正在向现金“回归”。

“利润”是权责发生制的根基，它渐渐变得困难、复杂，而久违地回到类似家庭账本一样的形式上来，让会计“回到原点”的，正是现金流量计算表。

发明了汽车和通信的功勋们的晚年

从蒸汽机车开始的交通工具的历史，向着汽车、飞机延续了下去。

另外，联结了铁路公司的车站电信技术，现如今通过互联网将世界连成了一个整体。

一眨眼间，工业化和信息化飞速发展。

这条漫长的道路，开始于1830年利物浦蒸汽机车的首次开通。

三种财务报表

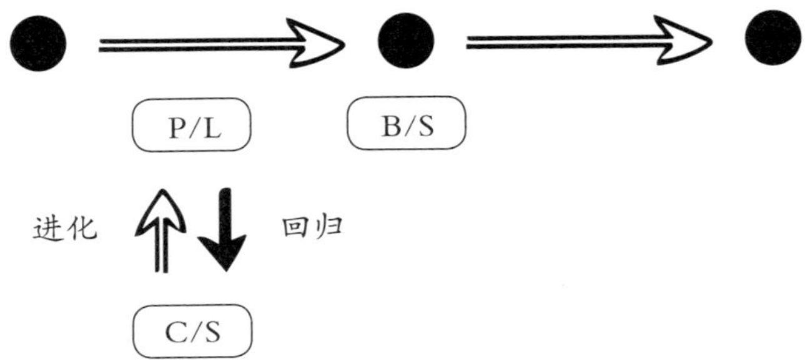

这200年里，企业的资金筹措巨量化、全球化，资产负债表右下方所出现的出资者发生了巨大的变化。

由于包含Fund在内的投资者的全球化，出现了国际会计基准。同时，工业向金融业倾斜，会计采用了“时价主义”。

过于着急的全球化，在2008年的雷曼冲击时停滞。在这一过程中暴跌的时价，是否能被称为“公允价值”呢？面向投资者的“报告”应该采取什么形式才好呢？此后，为“保护投资者”而发起挑战的历史还将继续。

最后，我来介绍一下在本章中介绍过的功勋们的晚年吧。

1925年，在慕尼黑“汽车诞生40周年纪念会”上，能看到81岁、满头白发的卡尔·本茨的身影。他乘坐最开始制作的三轮型汽车出席。只不过由于年纪大了，他无法驾驶，他的儿子欧尔根手握方向盘，驾驶车辆穿街走巷。

卡尔受到了大街小巷热烈的欢呼，再也没有人对这对父子发出谩骂声了。

卡尔在晚宴上也是人们的焦点所在，他被誉为“汽车界的乔治·史蒂文森”。可惜的是在这盛大的庆典之后，卡尔的身体变差，于1929年4月结束了他84年的一生。

卡尔没有看到半年后发生的纽约大暴跌，还有大萧条。之后，自己的公司被希特勒卷入战争中的事情他也一无所知。或许卡尔的死是神对他“不用看见不幸发生”这样的一种眷顾也说不定。

对卡尔·本茨来说，被汽车和家人所包围的一生令他十分满足。

随后，还有一个人，那就是发明了雷达，减少了破坏，防御了德国对英国侵略的沃特森·瓦特。国王认可了他的功绩，授予他爵士爵位。第二次世界大战后，他在多个省厅担任顾问，之后移居加拿大。

他在加拿大驾驶汽车的时候，由于雷达测出超速而被逮捕。

被命令要降速的沃特森·瓦特不由得这样嘀咕道：

“被恩将仇报了。”

延伸阅读

1. 戈特利布·戴姆勒

戈特利布·戴姆勒所经营的戴姆勒公司，它最大的经销商是有犹太血统的德国人艾米·耶里耐克，他女儿的名字叫梅赛德斯。比起“戴姆勒”的生硬发音，耶里耐克更喜欢“梅赛德斯”这个名字。于是戴姆勒将梅赛德斯这个名字登记为了商标。

2. 信号灯的诞生

为防止铁路事故，英国铁路中出现了我们所熟悉的“红绿信号灯”。以前西部大铁路中所使用的是“球形信号灯”。球在上部就表示“前进”，它也被推广到了美国。“Highball”（出发前进）这样的暗号，也成了随着“来，喝吧”的喊声一起喝下的，掺了苏打水的威士忌酒的名称。

3. 莫尔斯电码

在日本，符号的短点表示为“ton”（点），长点表示为“tsu”（画），所以莫尔斯电码也被称为“ton-tsu”。它是一种仅靠短点和长点的组合就可以实现通信的符号，被广泛活用于无线电、音响、发光信号等领域。

4. 国际会计基准

投资在国际上进行，会计基准也应该国际化，这是理所当然的。但是会计规则也会成为决定税额的基准。这时，向投资者提供信息和支付税金之间的矛盾无法轻易调和。

5. 原价和时价

比如在“宝石店里进了强盗”这样的新闻中，作为受损金额而报道出来的是标价金额，即“如果卖出的话是多少钱”，也就是时价。假如说宝石店的利润率很高的话，其进货时候的原价应该会更低。也就是说，真正的受损金额是和原价相当的金额。

6. 围绕会计基准国际化发生的混乱

现在，日本的公开企业可以在“日本基准、IFRS基准和U. S. GAAP基准”这三种规则中选择一种制作财务报表，进行报告。重要的是，采用其中的某一种，结算结果会与采取其他基准有所不同。另外，会计基准变更的情况下，结算数字也会受到影响。

在看结算数字的时候，也必须注意“采用了哪一种会计基准”——如果处于过渡期而没有办法则另当别论，这成了一件非常麻烦的事情。

7. 会说话的股东

近年来，在股东大会上，激进者对于经营分红和人事任命等以强硬的态度提出意见的情况增多了。因为这个，日本企业的股东大会以极具防御性的姿态召开，根据预测准备的问答集一年比一年厚。令股东大会的运营负责人感到胃痛的情况非常多。

第二部分的结语

第二部分结束了。这是一场一气呵成的旅行，到互联网和国际会计基准出现的现代为止，大家是否有些晕车了呢?

虽然“蒸汽机”带动了英国的工业革命，但是就本书来说，我认为，蒸汽机车和蒸汽船出现的时候，才是“真正的社会变革”。

蒸汽机车和蒸汽船的出现与通信网络的发展相结合，为英国带来了巨大的繁荣。

第二部分中隐藏的主角“交通工具”的变化在此没有终结，继续向着汽车的方向发展。随着交通工具的出现，发展公司的资金筹措数额变得越来越大，这一变化也带来了会计制度的变革。

在这种趋势当中，“为了自己”而进行的会计，变为“为了他人”而进行，这就是财务会计的历史。

在接下来的第三部分中，出现了将这一趋势再一次拉回到“为了自己（经营者）”的运动，那就是管理会计和金融。

第三部分

管理会计和金融

第7章

19世纪美国　标准变革

在19世纪的新奥尔良，一家当铺前摆着一些布满灰尘的乐器。

短号、长号、单簧管，不管哪一样都由于长久使用而显得有些破旧。

这些是在南北战争中打了败仗的南方军乐团成员因为资金困难而卖掉的乐器。在这座城市，到处都在卖这样的乐器。多亏这些乐器，这座城里的人们才个个都能够以便宜的价钱买到乐器。

如今在夕阳逼近这座美国最火热的城市时，还能听到他们所演奏的音乐。

如果侧耳倾听，就能听到轻快的爵士乐的回响。

01 从南北战争到横贯大陆的铁路

南北战争中出现的两种新武器

“那么，来听一听我们收复的《迪克西》吧？”

半开玩笑地、带着少有的笑容进行了演讲的人，就是林肯总统。

以此为暗号，乐队开始演奏。聚集在白宫的人们，回味着胜利的余韵，侧耳倾听这首曲子。

这发生在1865年4月10日，罗伯特·李将军投降的消息传来，人们看到了南北战争的终结。

据说《迪克西》是林肯喜爱的曲目。它原本是北方的歌曲，但在南北战争中，南方军队的士兵“横刀夺爱”，常常弹奏它。以新奥尔良为首的南方一带被称为“南方大陆（迪克西）”也是受到了这首曲子的影响。

想让黑人奴隶在农场劳作的迪克西（南方），与以废除奴隶制度为诉求的北方对立，南北战争于1861年开始。人们预想这场战争大概很快就会结束，但它成了一场长达4年、出现了许多死伤者的惨烈的长期战争。

这场战争中，可以说，工业革命促使了与人们预期完全不一样的“坏结果”——因为新兴技术和机械，出现了许多死伤者。

铁路是在南北战争中出现的“新武器”之一。北方军队在开战后立即联结了各个公司的路线，构建成移动网络，输送士兵和物资。林肯充分了解铁路的实力，积极活用铁路，因为这一点，战争也扩大到了更广的范围。

然后，这场战争也没有错过“命中率非常高的枪”。讽刺的是，大多数枪是美国“国产”，在美国的工厂大量生产出来的高性能的枪支，夺走了许多美国同胞的性命。

铁路与枪成了我们了解19世纪的美国时两把非常重要的钥匙。

哦，还有一个不能忘记的东西，就是开头说到的短号。

铁路、枪、短号——这三样东西让美国成为“世界的主角”。

在横贯大陆铁路的开通仪式上“挥空了”的斯坦福

林肯总统一边欣赏着最喜欢的《迪克西》，一边大喜于色，但这是他最后一次欣赏这首曲子了。仪式一结束，他就因凶手发射的子弹倒下身亡。南北战争痛苦的记忆无法在美国人的脑海中消除，一直留存着，也与这件事有关。

仿佛要将这沉重的氛围打破一般，1869年5月10日，在南北战争结束的4年后，一条消息传遍了全美。

那就是美国人民等了又等的横贯大陆的铁路终于开通了。在以铁路的创始者英国为首的欧洲，绝对看不到这样长距离铁路的完工。

为了这场隆重的庆典，从东西而来的两辆机车面对面停在铁轨上。

正巧其中有今天的主角——利兰·斯坦福[1]。

斯坦福博得了热烈的掌声，他手中握着一把银色的锤子。这是将联结东西轨道的最后一颗道钉打入铁轨的工具。为了庆祝，人们准备了黄金制成的钉子。

接下来，只要斯坦福将黄金道钉打进去，东边的联合太平洋铁路和西边的中央太平洋铁路就联结起来了。

斯坦福挥下了全美期待、应该被记入史册的一锤！

但是，这一锤竟然打空了。虽然开幕仪式非常不严肃，“D-O-N-E”这四个字母还是准确地通过电报传到了全美。

横贯大陆铁路的开通对美国人来说有特殊的意义。南北战争的噩梦还留在记忆中时，这条铁路是美国“成为一体”的象征。接到铁路开通的消息后，各地鸣放礼炮，各处的教堂都鸣起祝贺的钟声。

让我们来说说斯坦福吧。在开通仪式上华丽地空挥一记的斯坦福，原本是一名生于纽约的精英律师。他来到充斥着淘金热的加利福尼亚之后，做过杂货铺的买卖，还涉足了政界，最后高就于中央太平洋铁路，担任总裁，乃至成为加利福尼亚州州长。他与同样在这片土地上累积了财富的克罗克、汉廷顿和霍普金斯三人，被合称为“四巨头”。

多亏了四巨头才有了横贯大陆铁路的完成，但开通仪式上却看不到一个“应该在场的男人”。

1　利兰·斯坦福（Leland Stanford）：1824—1893年。在担任中央太平洋铁路总裁之后，任职加利福尼亚州州长。斯坦福大学的创建者。

“不在场的男人”的名字叫作西奥多·犹大[1]，他将这一横贯大陆铁路的计划告诉林肯，是让铁路实现贯通的功勋，在开通仪式上却没有看到他的身影，这是怎么一回事呢？

从结论上来说，横贯大陆铁路的功勋犹大因为四巨头而被“赶出”了公司。他被自认为是“伙伴”的四巨头逐出了公司的大门。

虽然犹大感到愕然，却也毫无办法。斯坦福一众用“资本的规律”这把锤子将犹大的梦想打破了。这一次他确实没有打空。

“合并结算”是从美国的铁路公司开始的

同是铁路，英国和美国所架设的路线就有很大的差异。

英国的铁路直线较多，美国的铁路则弯弯曲曲。这一差异，是由“人工费和土地费”的成本结构造成的。

英国土地费用较高，所以尽量以“直线轨道”为目标。如果有低矮的山坡或土丘就将它夷平，打通道路，山较高的话就打穿它造隧道。当然，因此会花费人工费和炸药费等，但是这些和土地费比起来更为便宜。

土地费较为便宜的美国“有山的话就避开”通行，道路弯弯曲曲。美国更在意人工费，在美国铁路中，因为要尽可能压低人工费，所以多使用移民劳工。

“线路会延续下去哟，无论到哪里”，有这样的一首歌，

1　西奥多·D. 犹大（Theodore Dehone Judah）：1826—1863年，铁路投资家，规划了中央太平洋铁路。

但原本这是爱尔兰移民在铁路施工现场所哼唱的曲目，歌名叫作《我在铁路施工现场劳作》。

当时，许多爱尔兰移民在铁路和煤矿工地中工作。在辛苦的劳动现场，劳动者们一边唱着锤子歌，一边干活儿。

这种歌曲冲淡了苦累，还可以踩着节奏，避免事故的发生。

在横贯大陆铁路完成以后，美国的东西，乃至南北所有地方都接连不断地建造着铁路。

这些路线最后“联结了起来”。线路的“联结”，是因为铁路使用了“标准尺寸”的轨道。

各公司的轨道尺寸各不相同，就无法联结，美国采用了乔治·史蒂文森所使用的“标准尺寸”轨道，线路才得以联结。

铁路公司不仅联结了线路，还出现了“合并”公司的例子。经营衰落的铁路公司开始被其他公司“收购”。

在铁路公司的关系变得更为紧密的情况下，人们也开始考虑将财务报表“联结起来”。

19世纪末，美国的铁路公司首次出现了“合并结算”（联结结算）。

从“联结”这个词，就能立即感受到它散发着铁路的味道，而它也真的始于铁路公司。

铁路的“联结”造成相同特质城市的同时产生

从地区选定调查到资金的筹措、建设工程……铁路这项事业，到“开通为止”要经历非常多周折。

这份艰辛并不是到开通就能结束的。开通以后，困难也会接连出现。运行时刻表的制作、安全的保障、站点间的通信……铁路经营在完成所有这些的同时，还必须赢利，这是一件难度非常高的工作。而且，美国的铁路公司不得不以欧洲的铁路公司所无法比拟的规模进行施工。

铁路公司为进行这一复杂的管理而设立了“区域管辖”制。它将路线分成了几片区域，设置责任人来管理。将广阔的线路分成各个辖区，就能使各辖区的收益性（成本、营业额）十分明朗，且能够明确管辖区长的工作和责任。

以“分割”使之变得“明确”，“区域管辖”制的成功在这之后，也对其他制造业产生了影响。

一方面，线路和公司根据“标准”（Standard）轨道联结起来；另一方面，铁路公司将广阔的区域“分割”（Segment）成辖区来管理。正因为它们的顺利推进，铁路遍布19世纪后半叶的美国。

一鼓作气开拓路线的过程中，美国孕育出了一种新文化——“相同特质的城市会同时产生”，这在欧洲是没有的。

欧洲的国家和城市，都基于古老的历史与传统，而拥有“各种各样的样貌”，另外还有贵族和平民等市民之间的阶级。

但是美国不一样，没有这些麻烦的阶级。因为铁路，各城市在同时期建成，相似的人住在一起，过着相似的生活，这就是19世纪美国城市的特征。

想要卖东西的制造业也必然朝着“大量生产同质品”的方向发展，因此，与留有匠人精神的欧洲制造业所发展的方向有所不同。

由制造现场开始的革新经由工厂成本核算（Cost Accounting），诞生了管理会计（Management Accounting）这样的新类别。

原本在中世纪的意大利，“为了自己”而进行的会计，随着经由东印度公司的荷兰、工业革命的英国、保护投资者的美国而发展，逐渐成了“为了他人”而进行。

将其带回到“为了自己”原点的正是管理会计。

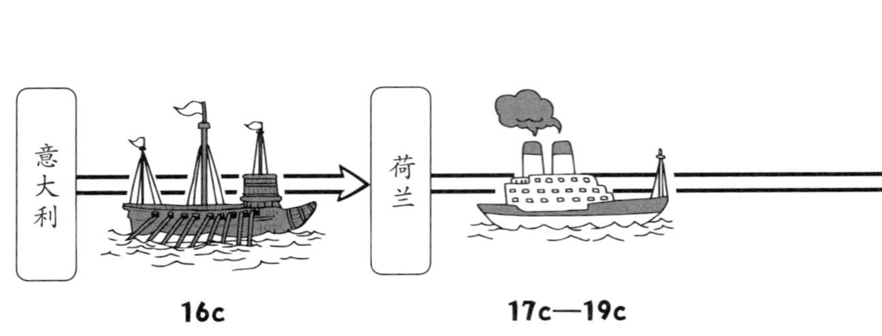

它起源于19世纪的铁路公司。由铁路公司开始的成本计算和管理会计的趋势，最终由制造业传承。

对这一迁移和交融起到非常大的作用的，是接下来我要介绍的卡内基和洛克菲勒。他们近乎贪婪地学习来自铁路的经营和会计手法，将其带到了自己的行业里。

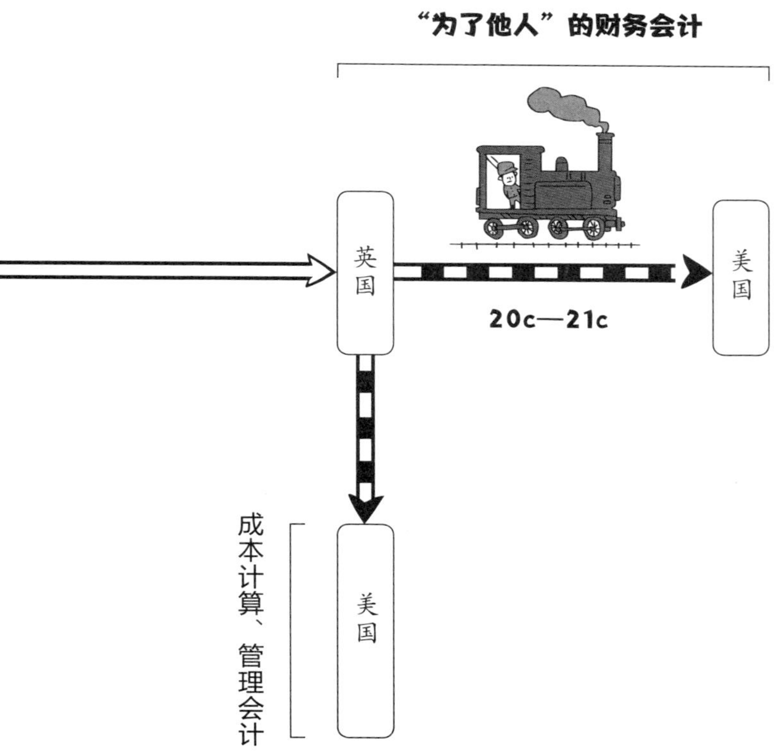

02 批量生产工厂的分工与成本计算

在铁路公司学习会计、设立了钢铁公司的少年

“我走了！”

手里拿着电报，精神地往外跑去的安迪是苏格兰移民的儿子。

曾是羊毛织物工人的父亲在故乡丢了工作，举家远渡重洋来到了美国。

由于非常贫穷，安迪很小的时候就出去工作了。

他找到的是电报公司电报员的工作。

认真且热衷于学习的他，开始学习电信知识，逐渐拥有了电气技师的实力，最后他得以在著名的“宾夕法尼亚铁路”工作。宾夕法尼亚铁路是铁路公司中的名门世家，安迪在这里学到了许多最尖端的成本计算和经营管理方面的知识。

就这样，在电信公司和铁路公司学习积累了扎实经验的少年安迪，成长为代表美国的钢铁大王。

安迪，即安德鲁·卡内基[1]，在宾夕法尼亚铁路公司时，得

1 安德鲁·卡内基（Andrew Carnegie）：1835—1919年，实业家。他创立了美国钢铁公司，被称为“钢铁大王”。

到了上司托马斯·斯考特在工作上对他的照顾。南北战争中，林肯请求斯考特和卡内基负责列车运行的管理。

亲切的斯考特不仅在工作上帮助卡内基，连“内幕信息”也教给了他。卡内基因为股票交易存下了一些钱，最终以此为本金创立了自己的公司。

卡内基最开始创立的公司，是建造铁路专用钢铁桥的基斯顿桥梁公司。他着眼于当时多发的木质桥坍塌事故，制造牢固的钢铁桥，对人的性命与安全来说是紧急要务。因此，卡内基开始建造高品质的钢铁桥。他的想法没有错，钢铁桥的订单纷至沓来。

这样一来，下一个问题就是“批量生产”。原本，在美国就基本上没有拥有匠人精神的熟练工人。这样的话，就只有建造连外行工人也能工作的工厂了。

“连外行人也能够批量生产的工厂”，为了实现这个想法，卡内基将“分工”引进了工厂。

将制造过程分为好几个工序，操作者和机器按照这些工序顺序放置。这可以说是铁路“管辖区域”制的工厂版。另外，工人的操作会尽可能“标准化”，尽可能排除个性化的工作状态。

也就是说，卡内基的工厂中引入了诞生于铁路公司的“标准+分割”的想法。这样一来，就诞生了不同于欧洲工坊“操作熟练的匠人凭一人之力完成工作”的模式，诞生了“数名操作工人进行流水作业”的美式工厂。

另外，在铁路行业里扎实地学习了成本计算的卡内基，在工厂中还引入了准确计算成本的“成本计算”。

“从事了制铁工作的我，对于在种种制铁过程中，关于一项作业要花费多少费用——也就是成本计算上——我的一无所知，让我感到非常震惊……我仿佛是一只在黑暗的土地中蠕动着的鼹鼠，这对我来说是难以忍受的。”

——《卡内基自传》，安德鲁·卡内基著，
坂西志保译，中公文库，第148页

向南北战争战场供给的国产枪支

早期，有一批人通过“分工”和“操作的标准化”而活用了批量生产系统，卡内基就是其中一员，但他并不是第一人。在卡内基之前，经营者苦恼于长期的人手不足和劳动者懈怠，最后一点点地规划出了批量生产体制。

1851年的伦敦世博会是第一届世博会，这时候美国制造的“枪支”受到了人们的关注。英国人震惊于枪支的高性能与低成本，他们想要知道“枪支制造的秘密”，而将考察团送到了美国。

视察完美国枪支工厂，发现它们已经实现了“标准化产品的批量生产”，来自工业革命中心的英国专家们一副受到了巨大冲击的样子。

19世纪50年代时，已经出现了能生产“高性能、品质无偏差、批量化”的枪支工厂。这样一来，批量生产的枪支，就被投入1861年开战的南北战争当中去了。能够低价地批量生产高性能枪支，陡然增加了死伤者的数量，这只是一场悲剧罢了。

在枪支生产过程中，采用了“交换零件制度”。在工厂中，一把枪是通过组装数个零件而生产出来的。如此一来，如果出现了质量不好的情况，仅仅交换“这一个零件”就可以进行修理。另外，在美国的工厂中，正推行让机器来代替人类完成“标准化的作业”。

美式生产系统拥有上述“流水作业、作业标准化、交换零件制度、机械化”等特征。可以说，除了美国，没有别的国家能够克服“全都是外行，且人工费较高”这样的限制。

这一“即便是外行，也能够批量生产高品质产品”的美式系统在南北战争之后，被以卡内基的制铁业为首的诸多制造业引进，美式系统让批量生产制造成为可能，促使巨型市场经常同时出现。

弗雷德里克·泰勒[1]的“科学管理法”正是诞生于如此环境的美国，而非英国。美国的土地很便宜，以至于路线稍微绕些也没关系，但是人工费非常高。因此经营者所关心的是“人工费”和“劳动者的管理”，也是极其自然的一种结果了。

泰勒和会计的连接点

虽然泰勒在管理学界非常有名，但是人们不太知道他在会计领域也曾大施拳脚。

1 弗雷德里克·温斯洛·泰勒（Frederick Winslow Taylor）：1856—1915年，技术员、管理学家，被称为“科学管理之父”。

泰勒在卡内基活跃着的宾夕法尼亚，进入了钢铁公司。那之后，他作为专家在业内有了一席之地。因此，铁路公司零件供应商——约翰逊公司委托他进行会计系统构建的工作，他接受了这个任务。

恐怕，刚刚独立出来的泰勒，打算先踏实地在会计领域赚点钱，之后再推进自己想要做的研究。

这时，他学习了大量的会计知识，提出了“泰勒式会计系统”，这是非常优秀的系统。他通过文书形式“标准化”，创建了从工厂的成本到损益都能正确且快速计算的会计系统。

从这一工作中，泰勒向约翰逊公司提议要实施“作业分析”就可以看出，他们已经意识到了这时期有组织的怠工（团体性的偷懒）问题。

泰勒所注意到的“劳务费”，是与“材料费”并驾齐驱的较大的制造成本。泰勒通过对作业进行细致分析，提出了规定时间内应该完成的“工作份额（Task）”，主张给效率高的工人以更高工资的“差别佣金制度”——这就是我们所知的科学管理法。

但是在当时的工厂，除了材料费和泰勒所注意到的劳务费之外，“第三种成本”的影响力也在增强，那就是折旧费。随着工厂中机械的增加，成本中折旧所占的比例也在逐渐增加。这个叫作折旧的固定费用，使经营者感到非常烦恼。

材料费和劳务费的产生是可以按照“一件产品会发生多少费用”来计算的，非常简单，但折旧是“一段时间会发生多少费用”，无法落实到“一件产品多少钱”，这叫作“分摊计算”。

“以什么为基准，如何分摊”是非常困难的问题，计算方法的不同会导致产品的成本有所变化。

当时负责成本计算的人就反复尝试计算分摊，但总是得出错误的结论，而泰勒就分摊计算提出了自己独到的见解。

令人烦恼的折旧分摊

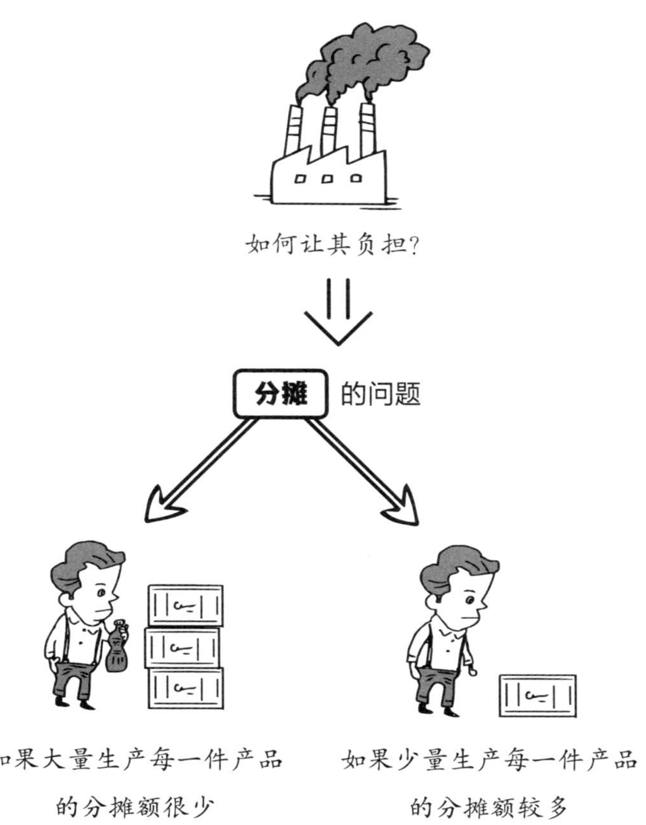

即便在成本计算的黎明时期，泰勒也毫无疑问地可以被称作第一人。但可惜的是，他的研究偏向管理学，对于会计领域的关注稍许少了一些。

工厂中机械的增加而生出的“新问题”

极小型的工厂自然不用说，通过复杂的工程来制作大量产品的大型工厂，不得不考虑如何将各种各样的成本，落实到每个产品上的这一程序。为此，工厂安排了“成本计算”这一环节。

材料的进货处、给劳动者的报酬、机械的购入地点……虽然准确记录、计算这些内容就能使一年内的花费变得十分清楚，但仅仅如此是不够的。

在制造业中，非常重要的一点就是“制造一个产品要花费多少成本”。如果这无法计算出来，那也就不知道这个产品卖多少钱比较好（决定售价）。另外，由于无法计算销售成本，也就无法计算出毛利。

成本计算对制造业来说是数字的生命线。这一环节本身虽然从很久以前就存在了，但是包含折旧费在内的近代计算框架的确立，是在19世纪末的美国。

从记录账单与外部的交易开始再进一步，会计开始计算“内部产品的成本”。从外部记录到内部计算，这个成本计算对会计的历史来说，成了一个巨大的转折点。

从此以后，企业会计就形成了对外报告的财务会计和用于内部的管理会计“两条腿走路”的局面。

那么，让我们把话题带回到19世纪机械化推进后的制造业上来吧。作为固定费用的折旧费比例越来越大，根据生产数量的不同，产品的成本会发生变化。由于产量越大，每一个产品的分摊金额就会越少，因此“大量生产的话产品成本就会变得很低”。

“越是量产，产品的成本就越会下降”——注意到这一“削弱效果”的经营者偷偷地进行大量生产。竞争对手也考虑一样的事情，供给过多，销售价格走低。19世纪后半叶的美国市场上，价格竞争非常激烈。

吃了苦头的经营者徒有巨型设备和积压的库存，因此出现了盯上了他们的“劫持者”。

03 一边击溃对手一边把企业做大

在淘金热中蒙受了损失的人、赚了钱的人

1848年的加利福尼亚。

在印第安人的土著民所说的“美丽山丘”萨克拉门托山脉的山脚下，关闭了制材厂的水闸，循着排水渠向前走的吉姆停住了目光。

受到太阳光芒的照射，有东西在那里闪闪发光。

将它捡起带回制材厂的时候，大家开始骚动了起来。

“这不是金子吗！”

吉姆急忙去上司萨特那里。

“老板，出金子了！”

听到这句话的老板萨特也大为兴奋——这就是淘金热的开始。

“萨特的制材厂出金子啦！”这样的传闻迅速传开，最终以一夜暴富为目标的人不断涌入这里。这次向加利福尼亚进行大规模迁移是从1949年开始的，所以他们被称为“49人”。

第一个发现金子的吉姆和这片土地的持有人萨特，他们一定成了亿万富翁，从而过着幸福的生活吧——然而并没有。

神为这两人准备了非常残酷的命运。吉姆被鲁莽汉盯上，最后仍然非常贫穷地死去了。

土地所有者萨特想要主张土地的权利，却遭到无视，儿子们被暴徒杀害之后，他自己也没能善终。

远道而来的“49人”也基本上没能得到幸福，因为能开采到黄金的，只有最开始的一段时间而已。

与之相对，经营着杂货铺的萨姆·布兰纳一听到“出黄金了”这样的传闻，就购买霸占了全部的万能挖掘机、提桶、帐篷等库存，将这些卖给“49人”，得到了大笔的赢利。在本章一开始出现的利兰·斯坦福也同样是因为杂货铺而赚到了钱。

旧金山的杂货店主李维·斯特劳斯面向前来淘金的人们售卖作业用的裤子，这又是一笔赚钱买卖，这就是我们所知道的“Levi’s”的起源。

布兰纳也好，斯坦福也好，李维也好，他们并非自己去挖金子，而是以淘金人为对象做生意，因此而成功的。他们并没有“急于追逐热潮”，而是喘了口气，慢慢思考赚钱的方法——看来这就是使生意成功的秘诀。

这一“赚钱的黄金法则”在十年后卷土重来。

掌握资产负债表右下方的家伙是胜者

1859年的泰特斯维尔。

伴随着“嘿咻”的叫声，从地下深处出现了“黑色的液体”。

旁边的男人们骚动起来。

这种液体毫无疑问就是人们所期待的石油。

在泰特斯维尔这乡下地方挑战挖石油的德雷克[1]“上校”，在资金吃紧的时候迎来了形势逆转。

“发现石油了”这样的消息一传开，全美“想要一举挖到石油的人”涌入了这里。

其中也有在淘金中蒙受了损失的“49人”。

街道因为想要购买土地的人而变得杂乱无章，当地的山谷间一个接一个地建起了石油塔。

曾经小看“挖石油”的德雷克，以及称他为“上校”的街坊都无法隐藏对此事感到的吃惊。

挖到了石油的德雷克“上校”一定度过了幸福的晚年吧——然而并没有。

1 埃德温·劳伦汀·德雷克（Edwin Laurentine Drake）：1819—1880年，作为“德雷克上校”而为人所知的实业家，是美国第一个成功开采石油的人。

他被合伙出资人“赶了出去”，可怜的发现者拿着仅有的一点退休金寂寞地终老。他死后，纪念碑上记载着“他不期冀于财产与名望，构建了这个国家的工业基础后，在此静静长眠”。

在加利福尼亚发现了金子的吉姆和土地所有人萨特，在泰特斯维尔发现了石油的德雷克，筹划了横贯大陆铁路规划的犹大，他们的晚年都是在不幸中度过的。

在美国这个国家，是否“真正的开拓者”都没有得到命运的眷顾呢？

另一方面，赚到钱的，是“喘口气后想到了赚钱方法的人”。

他们以“着急赶来的人们”为对象，做着诸如淘金热时期的杂货铺、裤子店一类的生意。另外，他们有时会根据“资本的规律”合法强取开拓者所浇灌的果实。

这里所说的“资本的规律”，就是指“掌握资产负债表右下方的家伙更为强势”这一规律。只要掌握股份就能支配这家公司，不管你是经营者也好，开拓者也好，都能根据股东的意向来解雇。

让我们回到发现石油的泰特斯维尔的故事上来。

这时，石油的挖掘者们对其蕴藏量之大感到惊喜，但这富足的开采量本身就是一个陷阱。因为过度开采，石油价格眼看着就下跌了。与淘金热一样，“最先赶来的人”和预想的一样，没有赚到钱。

有一个男人一边抱着胳膊，一边观察着这些情况。他即便知道“发现石油了”的消息也不为所动，一直关注着它的价格下跌。

他正是后来的石油大王——约翰·洛克菲勒[1]。

“簿记员”所创立的标准石油

年轻时候的洛克菲勒原本是一名“簿记员”。

约翰在学校学习簿记，进入商贸公司做了会计。作为“会计员”来说，他的投机心太强，是一个非常喜欢搞投机交易的男人。

他表现出对石油强烈的兴趣。观察了一段时间的石油价格后，他预感到“这样下去不行，过度开采的话无法赚钱”。

就算再怎么“往外涌”，石油制品要到达消费者手中必须经过提炼、运送，考虑到这些花费，这个价格怎么想都太过便宜了。洛克菲勒甚至看到从业者把挖到的石油亲自丢掉。他认为，有必要整体把握石油行业，对价格和品质进行自我管理。

他没有向竞争对手非常多的石油开采领域出手，而是开始了提炼石油的业务。他与斯坦福或李维一样，从稍稍有些距离的地方开始了业务。

提炼石油的业务成功之后，他立刻收购了100多处的炼油厂。

为避免价格竞争，“击溃对手”就是最直截了当的方法。洛克菲勒的收购从“横向合并”对手开始。横向合并是控制销售价格最好的方法。

---

1 约翰·戴维森·洛克菲勒（John Davison Rockefeller）：1839—1937年，实业家。他创立了标准石油公司，培育出了巨型联合企业，被称为“石油大王”。

接下来，他开始收购下游销售公司“纵向合并”。他通过这种纵向合并从上至下进行垄断，同时将重点放在了降低成本上。

以横向合并击溃对手的同时，以纵向合并降低集团整体的成本。

洛克菲勒使出了全部的经济实力和政治实力：“即便掌控了90%，对还剩下的10%也要马力全开。”如此这般重复着收购。那时，他使用了非常粗暴的手段。

虽然洛克菲勒被起了个“击破者”的绰号，但他的垄断在很多方面都有好处。首先是使石油制品的价格稳定了，还有一点，就是提高了石油制品的品质。这无疑让美国的经济得以发展，丰富了市民的生活。

正是他将规模的利润，即经营规模扩大的好处带进了石油行业，可以说，他实实在在地“降低了好东西的价格”。他凭武力支配业界，在此基础上保障了产品的高品质，稳定了价格。

“这就是标准！”他的想法就这样保留，成了“标准石油”这个公司的名字。这家公司的设立是在横贯大陆的铁路诞生的第二年。

“联合”使集团的运营状态清楚明了

洛克菲勒一边收购对手的公司，一边组成了联合企业（信托），剥夺了股东的决议权。然而，这一“垄断”行为激怒了政府，他的联合企业被命令解散，因此标准石油公司于1889年变更为了“持股公司”。

同一时期，除了洛克菲勒之外，还有一位人物作为收购之王非常出名，他就是 J. P. 摩根[1]。他盯上了陷入经营困难的铁路公司。银行家 J. P. 摩根将英国的资本打了包，接连不断地收购由于粗糙的规划而陷入经营困难的铁路公司。一边掌握所有权，一边重新经营的这一手法不知不觉间被叫作“摩根式”。

由于石油界的洛克菲勒以及 J. P. 摩根的出现，美国拉开了“企业控制权运动”的序幕。

诞生于这一时期的美国巨型联合企业，其“夸大的名称”十分显眼。

比如说US、American、General、Unite、National……这样取名的企业基本上都想掌控业界，靠着一次又一次的收购，把扩大“规模”当作了目标。

另外，取了夸张名字的联合企业中的大多数，都由于反垄断法的关系，采取了“持股公司”的形态。位于顶端的持股公司（Holding Company）不做业务，仅仅持有集团各公司的股份，加上旗下子公司（Subsidiary），这一整体就是“集团”。

斯坦福担任总裁的中央太平洋铁路，也是收购了其他铁路公司而扩大的。以他为首的四巨头，为了横贯大陆铁路的建设，设立了皮包公司，在这个公司里，以铁路工程为名，弄虚作假。他们利用集团的管理漏洞，巧妙地让钱流入自己口袋。有时，集团会成为不正当会计的温床。

“故意”进行的不正当行为暂且不提，由数个公司来运

1　约翰·皮尔庞特·摩根（John Pierpont Morgan）：1837—1913年。他接连收购、重建经营困难的公司，建立了包含银行、钢铁业务在内的摩根财团。

营集团的话，即使是优秀的经营者，也会变得弄不清“整体的业绩”。因此，集团整体的运营状况应该清晰化，这使得企业“合并”提上议程。

效仿已经在进行合并结算的铁路公司，制造业的联合企业也开始了合并结算。

“合并”，虽然原本是为了经营者的内部管理而产生，但最后人们认识到，作为向股东和投资者提供的信息，它具有重大意义，也被纳入了外部报告中。

从那以后，财务报表就变成了“合并资产负债表、合并损益表”。目前由于全球化，还加上现金流量计算表，“合并资产负债表、合并损益表、合并现金流量计算表”这三表并存，成了财务报表的“世界标准”。

世界标准的财务报表体系

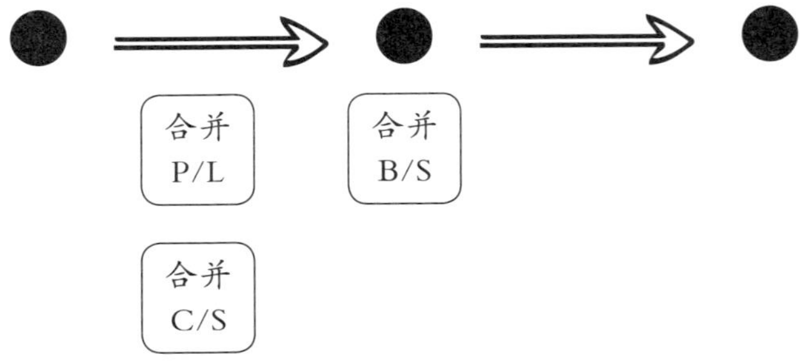

04 从南方启程前往北方的可口可乐与爵士乐

原南军“医师”之间的大比拼

美国南方的亚特兰大。

原本由于西部亚特兰蒂斯铁路在这个地方设置了“Terminal站”，所以这个地方名叫“Terminus”，不知是否因为太过乏味，这个名字之后被改为亚特兰蒂斯的女性说法“亚特兰大”。

这个亚特兰大是南北战争的重要军事据点，另外，由于它也是交通要塞，遭到了北军彻底的破坏。但是战后，它几乎如“凤凰涅槃之城”一般，让世人看到了它的复兴。

在南北战争中战斗过的士兵，把枪换成了做生意的工具，来到了这座城市。

自称医师的彭伯顿[1]也是其中之一。

他投身到了“使人精神振作的饮料制作”当中。煎煮秘鲁的古柯叶，将其与非洲的热带可乐树子调和，非常美味。他投

1　约翰·斯蒂斯·彭伯顿（John Stith Pemberton）：1831—1888年。在亚特兰大发明了可口可乐的化学家、药剂师。

入全部财产，埋头于研究之中。

在当时的美国，有许多自称医师的人，号称有助于长寿、消化、强身健体等的药非常流行。顺带一提，约翰·洛克菲勒的父亲也曾自称医师。在当时的美国，医生很少，也由于急剧的城市化，人们的压力淤积，在这样的背景下，自称医师的人以及奇怪的药品才会非常多。

彭伯顿以“制造使人精神振作的饮料”为目标，长期研究后，他终于完成了一种“黑色的液体”——这就是留名美国历史的品牌饮料可口可乐。

“这绝对能畅销”，对此深信不疑的彭伯顿得意扬扬地注册了可口可乐的商标。

不过，当时他的资金早已见底，并做出了“谜一般的费解行为”。他接受了两位友人的巨额融资，作为抵押，他将可口可乐三分之二的权利以“1美元”的价格卖给了他们。因为这一交易，可口可乐的权利开始陷入迷途之中。

最终，艾萨·坎德勒得到了这一权利。可怜的彭伯顿和他的儿子，因为“资本的规律”而被赶出了公司。意志消沉的彭伯顿医生在可口可乐公司度过了“提不起精神”的寂静晚年。

美式品牌的诞生

亚特兰大从战败的沉痛打击中站了起来，艾萨·坎德勒在这个时候买到了刚诞生的可口可乐的权利，他一个劲地思考如何在这个城市销售可口可乐。南方到处都有一家叫作Soda

Fountain的小卖店，在那里他们以5美分的价格销售清凉的碳酸饮料。

有两位创业家找到了坎德勒。

“请让我们用瓶装来卖可口可乐。”

“请便。”他们轻松地得到了艾萨的许可。瓶装的可乐大概是卖不出去的吧，即使好卖，也可以把原液卖给他们，以此来赚钱——艾萨这样想着，将灌注的权利分别以每人“1美元”的价格卖给了他们。

这一合约在他们本人没有意识到的时候，成了“留名美国历史的权利买卖”。

之后因为可口可乐的畅销，他们又将“可口可乐瓶装售卖的权利”转租给了其他人——这就是“垄断经销权合约”的开始。

瓶装可乐的大热与它瓶身独特的设计也有关系，但是它的价格始终稳定在Soda Fountain的“5美分”。便宜到谁都能喝上，正是可口可乐的魅力所在。

不仅如此，各地制造可口可乐的灌注公司都能制造出“相同口味”的可乐，也是其关键所在。为了实现“在美国的任何地方都能喝到相同口味的可乐”，各工厂的灌注流程都执行了彻底的“品质管理”。

使用正确的原料、以正确的工序进行罐装、正确地保存和运输。给所有流程制定“标准”，将其彻底贯彻到工厂，凭借这些，制作出相同口味的可乐才成为可能。

于是，在卡内基和洛克菲勒的工厂中编制出来的“标准产品批量生产”手段，在可口可乐公司完成了更深一层的发展。

标准化的作业工序被整理到了“业务手册”中，引用到了每一家工厂里。由此，即便相隔甚远也可以实现不降低品质而批量生产。

接下来，为了让产品为消费者所知，推出花哨的广告一味地贩卖就行了。像这样“便宜、广域”地售卖，可口可乐的销售方法逐渐成了美式品牌的特征。

欧洲的品牌擅长“高价、狭域”地贩卖，与之相对，美国的品牌“便宜、广域”，与花哨的广告一起贩卖是它的特征。这一传统在后来的麦当劳和GAP身上得以继承。

在南方迪克西诞生的爵士乐向北方的芝加哥传播

可口可乐诞生于南方，朝着北方扩张。

还有一样东西，和可口可乐一样，从南方向北方传播，粉丝增多。

那就是布鲁斯和爵士。

南方的密西西比河沿岸，在一片被叫作密西西比三角洲的区域，棉花种植产业非常繁荣。南北战争后，从奴役中被解放出来的黑人们在这片土地上从事着采摘棉花的工作。这是一种在灼热的太阳下进行的艰苦劳动。

在农场或者是夜晚的酒吧，他们以歌唱来排遣这种痛苦。从中诞生的灵歌，就是三角洲布鲁斯音乐。“布鲁斯音乐”用吉他和口琴演奏为人所知。

在那之后，在密西西比河入海口的城市新奥尔良，诞生了爵士乐。爵士乐又是以黑人和混血儿的音乐为本源的。

劳动歌和黑人灵歌，巧妙地融入拉格泰姆音乐（tagtime）中，早期爵士乐就诞生了，正巧与可口可乐的诞生处于同一时期。

爵士乐在新奥尔良得以发展的初期被叫作“迪克西兰爵士乐”。正宗·迪克西兰·爵士乐队（Original Dixieland Jazz Band），就这样将其照搬到了乐队名上，发表了爵士乐界最初的唱片，将爵士乐推向全美。

在迪克西诞生的布鲁斯和爵士乐，无论哪一个都是在贫穷的黑人或者移民中诞生的。从遥远的非洲来到这里的非洲节奏，和爱尔兰的凯尔特音乐等多种多样的音乐在劳作现场等地交会，孕育出了迪克西独有的曲调。

短号、长号、单簧管，这些南北战争中被兜售处理的乐器演奏出的音乐，就是新奥尔良迪克西兰爵士乐。

爵士乐因为音乐家的搬迁，从南方的新奥尔良向北方的芝加哥和纽约传播。它不仅在地域上传播开来，还和布鲁斯、福音音乐等各种各样的音乐互相交融、互相影响，诞生了叫作节奏布鲁斯和摇滚这样绝佳的音乐。

总之，迪克西兰之后，爵士乐于20世纪初期在芝加哥开枝散叶，而芝加哥是我们讲到会计的历史时无论如何都会触及的一个地方。下一章开始，以芝加哥为舞台，音乐与会计的故事将要开始，敬请期待。

伟人们的晚年

19世纪的美国由于铁路的扩张，同时振兴了巨型市场。

一方面，出现了根据“标准”而进行批量生产的工厂；另一方面，这是一个男人企图靠着“夺取”赚钱的粗野时代。

从主角铁路公司诞生了成本计算和合并会计。

在南方城市中诞生了布鲁斯和爵士乐。

美国在会计与音乐的世界中孕育出了新品种，在这两个领域超越了欧洲，成了“发达国家”。

接下来，我们来介绍一下本章中“三位不幸的开拓者”。

横贯大陆铁路的提案者犹大、开采到了石油的德雷克、发明了可口可乐的彭伯顿。

这三位开拓者全都被公司赶了出去。

将他们赶出去的斯坦福、卡内基、洛克菲勒熟知“资本的规律”，一边掌握着资产负债表的右下方，一边成功增加了左边的资产。他们的晚年是如何的，让我来介绍一下吧。

在横贯大陆铁路的开通仪式上“挥空了”的利兰·斯坦福，设立了“小利兰·斯坦福大学”这一以“儿子的名字”命名的大学。

夫妇两人在等待与盼望中生下一个儿子（Little Child），他从年幼的时候就常常生病，身体状况不是很好，年纪轻轻就在静养地佛罗伦萨去世了。夫妻两人为儿子的死悲叹不已。

为了治愈这份悲痛，夫妻两人“为了我们美国的孩子们”投入了大笔资金，设立了以儿子名字命名的大学。

钢铁公司的安德鲁·卡内基在他的晚年成了一名有名的慈

善家。他与以卡内基工科大学（后为卡内基-梅隆大学）为首的多所大学的设立都有关联。

建在纽约曼哈顿的“卡内基音乐厅”作为音乐圣地而非常有名。对音乐家来说，站在这个舞台上会成为他们无上的荣誉。

约翰·洛克菲勒曾是虔诚的新教徒，他向浸礼教派系“芝加哥大学”的复兴投入了大量资金。

就这样，本章中的所有伟人，全都为后辈设立了大学。这么说来，在中世纪意大利发了财的科西莫·美第奇也建立了柏拉图学院。大概“向年轻人才提供学习的场所”，是不分时代和地点的传统。

或许，干了“粗暴”事的人是想赎罪，才变得想要培养年轻人吧。

在本章中出现过的人当中，赚了最多钱的、被称为世界第一富豪的约翰·洛克菲勒在生前说过想要活到100岁。

可惜的是，离愿望只差了几年，他的一生于98岁结束。

躺在病床上的洛克菲勒这样对将在下一章出现的亨利·福特说道：“在天国再会吧。”

对此，亨利·福特这样回答道：“如果你能去往天国的话。”

延伸阅读

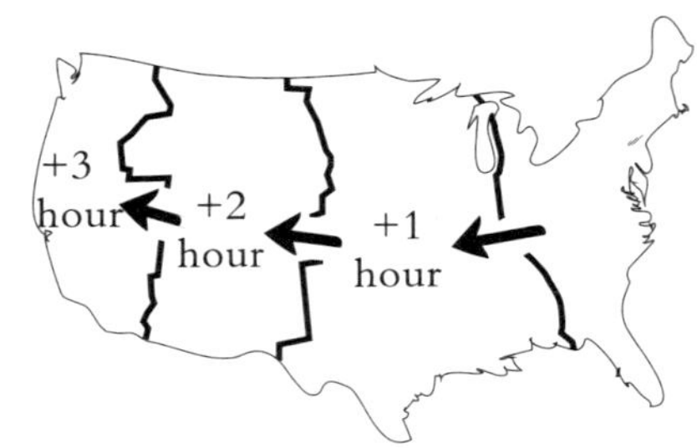

1. 短号

与长号相比稍小一些，带有圆锥管的乐器。乔·奥利弗和年轻时期的路易斯·阿姆斯特朗都擅长短号。因为演奏方法与长号没有太大区别，所以两种乐器都能演奏的音乐家非常多。

2. 标准时间

引入铁路公司的“标准”不只是轨道，美国的铁路公司还采用了“标准时间”。铁路出现以前，各个城市是以太阳的高度为基准决定各自时间的，因此，各个城市的时间会稍有不同。这一差异成了铁路运行的难题，也成了事故原因。因此，以英国铁路公司采用的格林尼治标准时间为参考，1883年，考虑到各地有时差，美国铁路引入了四个“不同的标准时间”。运行时刻表的制作变得更容易，事故也大幅减少了。

3.区域管辖制

日本的电车公司也采用了区域管辖制。日本的情况是，所有的站与站之间的距离并不长。“管辖区长”的管理囊括了多个站点。

4. 管理会计

英语为“Management Accounting”，直译为日语的话就成了“经营会计”，但是不知为何被翻译成了“管理会计”。

5. 世博会

在日本比较著名的是1970年举办的大阪世博会。在那场日本首次举办的世博会上，太阳塔拔地而起，三波春夫演唱了主题曲《来自世界各国的问候》。

6. 两条腿走路

因为许多人一般是在学习了财务会计之后学习管理会计，如果在财务会计的阶段就受挫的话，就无法继续学管理会计，这是非常可惜的事情。我认为比起簿记，更应该多学习为了利润增长而存在的管理会计。

7. 垄断经销权合约

提供商标、知识等的特许授权人，与接受这些的特许经营人双方缔结的合约。广泛用于餐饮业、便利店、零售业、学习补习班等行业。

8. 爵士乐

爵士乐诞生的19世纪末期，在新奥尔良，爵士乐并非拼写为Jazz，而是写作Jass。Jass在黑人之间，是意为女性性器官或是性行为的暗语。原本在新奥尔良的风尘酒馆被演奏的Jass，到了20世纪变为了Jazz。

第8章

20世纪美国　管理变革

1913年，新年前夜的新奥尔良。

“拜托你了，我不会再犯了，请你放了我吧。”

但用力握住少年的手的警官仍是一言不发。他不松开少年的手，或许是因为这个少年是黑人。

被抓住的少年名叫“Dipper”（迪珀，长勺嘴）。他是这座城市里常有的路边合唱团四人组中的一员。

对以挣零钱为目标的他们来说，新年夜正是挣钱的时候。比平时手头更宽裕的迪珀用从家里偷偷拿出来的手枪肆意放了不少礼炮。

正当他们兴高采烈时，突然出现了一位警官。

“你们在这里干什么！”

其他的伙伴慌忙间逃走了，但是他迟了一步没能逃脱。

可怜的迪珀被抓住后没能回到最爱的母亲身边，在警署有一股霉味的单人牢房中迎来了新年。

01 从芝加哥开始的爵士乐与管理会计的百年史

从新奥尔良到芝加哥

“迪珀”即路易斯·阿姆斯特朗[1]，生于刚刚迎接20世纪的1901年的新奥尔良。小时候，他因为开枪被警察抓捕，关进了少年感化院。

正是在少年感化院里，路易斯的人生发生了奇迹。其契机是少年感化院乐队的领队对他说的一句话：“你不试试看吗？”

新奥尔良原本在18世纪初期是法国的殖民地。路易十五世左右的时候，因Aur é lian皇帝而被命名为“Nouvelle（新）·Aur é lian”，后来成了“New Orleans”。

这座城市位于密西西比河的入海口，这条大河源自加拿大国境附近，经过密西西比三角洲到达墨西哥湾附近。这里的人们生活在美国南方热得令人浑身发软的酷暑中。

终于到了太阳落下的傍晚，可以听到不知从城市何处传来的音乐声。欧洲的古典音乐、加勒比音乐、密西西比布鲁斯音

1 路易斯·阿姆斯特朗（Louis Armstrong）：1901—1971年。其“长勺嘴”的昵称也为人所知，代表了美国“爵士时代”的音乐家。

乐，其中最受欢迎的就是爵士乐了。城里的酒馆和舞厅等，到处都流淌着爵士乐。在这里成长的路易斯梦想着“总有一天要成为音乐家”。

在黑人少年感化院里，路易斯正式学习了短号，离实现他的梦想更近了一步。路易斯进步的样子令少年感化院的伙伴感到吃惊，走出感化院以后，他也沐浴在看客的欢呼声中。终于，当时被称作“帝王”的乔·奥利弗对他说：“来和我一起吧。”

但是，正巧那时期美国决定参加第一次世界大战。成了军事港口的新奥尔良决定关闭闹市，失去了工作场所的音乐家无可奈何地向北方漂泊。

跟路易斯搭话的乔·奥利弗也搬到了芝加哥。路易斯收到了来自奥利弗“你也来芝加哥吧”这样的邀请，终于下定决心离开故乡。

踏上旅途的那天，到车站送他的人多到筑起了人墙。其中，有从小到大的朋友、附近认识的人、乐队的伙伴。

“再回来吃大豆饭啊。”

踏上芝加哥的旅途，是他22岁时候的事。

爵士时代迎来转机的巨型企业

对到达了芝加哥的路易斯来说有一个问题，那就是“禁酒法”。

禁欲的新教一派所主张的禁酒法，抵制了爱喝酒的爱尔兰移民和德国移民，得到了一部分人的支持。

大部分人都抱着“难道真的会通过吗”这样的想法，但是在一战后爱国、禁欲氛围一路走高的情势下，禁酒法真的通过了。其中，也有着想要减少工厂中醉汉的以亨利·福特为首的工厂经营者的努力。

通过禁酒法是在1919年。不凑巧的是，它的通过是在一战刚刚胜利之后，那是人们最想要喝酒的一个时间点。

路易斯·阿姆斯特朗来到芝加哥，是禁酒法刚开始实施之后，在少年感化院里转运了的他，在这里也走了大运。

最终，即便在禁酒法之下，酒馆也没有绝迹。在芝加哥，出现了许多地下酒馆“Speak Easy”。掌管着Speak Easy的阿尔·卡彭无比喜爱音乐，他为南方的音乐家准备了演奏的场所。Speak Easy里，忧伤的布鲁斯音乐加上明快的爵士乐，什么样的音乐都有。对音乐爱好者来说，没有比当时的芝加哥更幸福的地方了。

美国的20世纪20年代，路易斯在芝加哥开始演奏的那段时期，常常被叫作“爵士时代”。

以铜管乐器为中心的爵士乐成为明快的娱乐方式，这是路易斯·阿姆斯特朗的功劳，不知是否受他那轻快曲调的感染，美国的20世纪20年代处于一片大好的形势之中。

但是，这个时代的大型企业并非每一家都能赚钱。一战结束之后，在企业控制权运动而规模巨大化的集团中，“产能过剩”的公司不断增多。为了打败对手，或者说是为了降低成本而不断重复收购、扩大了“规模”的公司，突然之间无法应付其巨大的体量。

虽然在南北战争的时候也是这样，但是一战之后，美国经济不景气。战争能给公司成长的机会，一旦这一机遇过去，设备过剩的考验就会袭来。只有通过这一试炼的公司才会生存下来——这就是美国进化的历史。

对长久以来追求“规模”的美国公司来说，一战后20世纪20年代的“爵士时代”成了一个巨大的转机。从此，以“效率”为目标的公司开始增多。

在禁酒法颁布的那一年宣布开讲的管理会计

如果大致区分一下的话，19世纪的企业经营是以“规模”为目标，而接下来的20世纪则变为了以“效率”为目标。

在经营当中能够提高“效率”的动作就是“削减成本”。制造业开始考虑“低价制造”，而并非仅仅“大量生产”，将泰勒的科学管理法应用到会计当中，形成“标准成本计算”。为了削减成本，将“标准”的概念带入了成本计算中。

在“削减成本”后，就是越过生产，尝试“有效”地好好经营公司。

如何才能一边让制造、销售部门保持协作，一边产出赢利呢？将这一经营者最想要知道的内容告诉大家的会计的新讲座，在科西莫大学开讲。

科西莫大学原本是新教派系中的一所小型大学，曾由于财政困难而关闭过，但是热心信徒约翰·洛克菲勒的捐款让它再次开设。

为这个新讲座尽心尽力的，正是会计学教授詹姆斯·麦肯锡[1]。

他对至此为止的过于专业性的会计讲座进行了反省，对“怎么样才能对经营有用”进行了思考。

苦于过剩的设备和库存的经营者以解决这些为目标而立志学习会计，但当时的会计讲座并不能满足他们的期待。那些讲座不是教授记账的“会计员培训讲座”，就是面向专家的“CPA培训讲座”。

经营者想要学习的并不是那些面向专家的会计知识，而是“如何运作组织来赚钱”这样的内容。

麦肯锡教授做好充分的准备，开设了“新型会计讲座”。

讲座时间是在1919年，那一年颁布了禁酒法，讲座的话题性极低，但是这场新的讲座非常有冲击性，改变了会计的历史。

这时候会计讲座名叫“管理会计”（Managerial Accounting）。讲座中还教授了预算管理（Budgetary Control）。

预算能“有效”地管理制造和销售部门，从而产生赢利。它通过从预测“能卖多少台”，到规划“应该制造多少台”，来防止无用的库存和亏本。

根据预算，销售、生产部门的“生产”得以调整。另外，高层可以“掌控”生产。这对当时的经营者来说非常有吸引力。

与之前在“生产”层面上的成本相对，预算管理在“公司”的层面上操控“利润”。另外，预算管理不仅是“过去的

1　詹姆斯·奥斯卡·麦肯锡（James Oscar Mckinsey）：1889—1937年，芝加哥大学的会计学教授，提出“预算控制”“管理会计”的想法，麦肯锡公司的创始人。

实际成果”，还要控制“将来的规划”。

“别只看成本，看看利润吧；别只看过去，放眼未来吧。”

对无聊的簿记和有些难学的会计感到厌烦的人们，十分喜欢这样的会计学。芝加哥大学的管理会计讲座有了声誉，同类型的讲座在全美的大学中广泛传播开来。

成了名人的麦肯锡教授将面向商务人士的“预算管理”内容整理后出版，进而设立了带有自己名字的咨询公司。于是，本应该非常“朴素”的会计学教授麦肯锡，成了“世界上最著名的会计学教授”。

防守性质的财务会计和攻击性质的管理会计

管理会计讲座发祥于芝加哥大学是有原因的。在芝加哥周围有很多制造公司，到更远的底特律附近走一走，还会发现汽车制造公司。著名的福特汽车公司早已开始生产福特T型车，采用了传送带，根据工序来进行大量生产。

这附近的制造业公司已经掌握了“多多生产”的批量生产技术。

正因为如此，经营者才会渴求从“规模”经营变为“有效”经营，不断学习管理会计知识。对他们来说，预算管理成了他们有利的武器。

从麦肯锡开设管理会计讲座开始，经营者应该学习的会计内容就成了“两部分”。正如对于铁路的主干线，追加了新的支线一般，对财务会计来说，管理会计出现了。财务会计摆脱了计算过去的业绩，终于发展到了预测“未来”利润的阶段。

“防守性质的会计”是财务会计，它通过向股东和债权人制作财务报表及报告，来说明企业的经营状态。

另一个，就是从成本计算进化过来的“攻击性质的会计”（管理会计）。这是为了解决经营问题，经营者可以自由组合的会计。

拿信号灯来打比方的话，“防守性质的会计”（财务会计）是红灯会计，如果企业没有做该做的事情，财务会计就要负责亮起红灯。

另一方面，“攻击性质的会计”（管理会计）是绿灯会计，自由地设计也无妨。

麦肯锡的预算管理对初期的管理会计提供了非常重要的“模型”。

这是重视“规划”的一种表现。

预算的本质是规划未来的数字，其中引入了过去的会计没能操控的“未来”数字。

为此，成本被分为了可变支出和固定支出，这使得与销售额成比例的“边际利润”（Marginal Profit）变得清晰明了。这样一来就有了“固定支出的保本销售额为××美元”“如果利润想要达到×美元的话，逆向推算销售额必须有××美元”这样的模拟。

这一连串的“模型”经过100年的时间，成了世界上管理会计的“标准”。

巧的是，在同一时期，同样诞生于芝加哥的爵士乐和管理会计，都有重视“即兴”这样一个特征。只要遵守最低限度、最基本的“模型”，其他的都非常自由。因此有人说芝加哥的经营者和学生白天学习管理会计，晚上在Speak Easy享受着爵士乐。

02 从“区域管辖”制而来的分工管理

录音从路易斯·阿姆斯特朗的时代开始

一个可爱的女孩点了那首曲子。

为了她，路易斯·阿姆斯特朗演奏了这首曲子——这是以20世纪20年代为舞台的著名电影《五个便士》中的一幕。

出演本人的路易斯在Speak Easy所唱的歌是《圣徒进场的时刻》。这首歌曾是黑人的灵歌，因为路易斯·阿姆斯特朗而成了爵士乐的“标杆”。一开始人们纷纷议论“在酒馆唱灵歌不太严肃”，但不知什么时候，“Saints”的喊声开始冲向舞台上的路易斯。

路易斯·阿姆斯特朗是一个“运气极其好”的音乐家。

他赶上了广播和唱片出现，许多人都能通过广播和唱片来欣赏他的歌曲。

我们能够听到路易斯来到芝加哥时所录的“带有一点紧张感”的录音，这是因为它奇迹般地留存了下来。可惜的是，在路易斯之前的音乐家并没有留下录音，其演奏只能依靠“想象”了。

路易斯·阿姆斯特朗创造了爵士乐的历史，所有人都认同他的实力，并被称为传说，我想这与“留下了录音”这一事实有很大的关系。

20世纪20年代广播和留声机的出现，是因为这时有了“电”。电不仅照亮了街道，还被用于工厂和家电产品。

由于电的普及，在各种各样的领域里诞生了新的技术。其中之一就是录音（Recording）技术和留声机。20世纪20年代广播出现，40年代电视也开始投入使用了。

音乐家路易斯·阿姆斯特朗正巧赶上了“现场演奏→唱片→广播→电视”的发展。

他不仅吹奏短号，在被称为Scat（爵士乐中无意义的喊声）的歌曲方面也颇有人气。如果听一下他的录音，就会发现时不时会混入观众的笑声，他不仅会演奏、能唱歌，也是一位能使人露出笑容的表演者，在另填新词的歌曲和演艺方面也颇有天赋。

发明大王爱迪生可以称得上是那位路易斯·阿姆斯特朗的“大恩人”。爱迪生发明了电，促使以照明和留声机为首的数个发明问世，推进了社会的“电气化”。

被GE赶出来的发明大王爱迪生

荷兰“面粉店的遗孀”牵着3岁儿子的手来到了新大陆——这就是爱迪生家在美国的起点。从这以后的第五代子孙就是引发了美国电气革命的发明大王托马斯·阿尔瓦·爱迪生[1]。

12岁的时候，他家所在的休轮港与底特律之间开通了一条铁路。在这条铁路上开始卖报的爱迪生，最终在铁路公司学习了电信知识，成了电信技师。他的职业生涯也是从铁路公司开始的。

在这之后爱迪生完成了电话和电灯泡等众多发明，他成功的故事正如面向少男少女们的传记书中介绍的那样，但他除了“努力”之外还有不为人知的一面。不知是否为了筹集发明的资金，他也是根据线索来诉讼对方的“诉讼王”，有时候还会激烈地诽谤中伤竞争对手。

还有一件关于爱迪生的商界奇闻，“爱迪生创立了GE”（General Electric）。虽然他确实是创建者没错，但严格来说就不是这样了。要细说原因，是因为爱迪生在GE设立的同时“就被赶了出去”。

“直流电VS交流电”，采用哪一个作为“标准”？GE是在美国电力行业对此发生争议的时候设立的。爱迪生执着于直流电，对手威斯汀豪斯主张交流电。对此两者一步都不让，发生了直流电对交流电主导权的争夺，爱迪生虽然还进行了让威斯汀豪斯感到厌烦的负面宣传，但是最后以失败告终。

在这直流电和交流电战争的旋涡之中，爱迪生所设立的“爱迪生通用电气公司”被 J. P. 摩根收购。1892年诞生的公司舍弃了“爱迪生”的名字，改名为“通用电气公司”，他从总裁之位上被赶了下去，离开了自己创建的公司。

1 托马斯·阿尔瓦·爱迪生（Thomas Alva Edison）：1847—1931年，发明了白炽灯和留声机，创建了爱迪生通用电气公司（Edison General Electric，现GE，通用电气公司）。

被赶出去之后的爱迪生，即便明白这是“资本的规律”，但是心里却无法接受。虽然他的名字曾出现在GE董事名单上，但是他只在第一次董事会上露过脸，恐怕他对此也相当生气。

这些暂且不提，在爱迪生被赶出去的同时，GE的合并闹剧还在进行，企业并购除了洛克菲勒式的“击溃对手”“降低成本”之外，还有一个非常重要的目的，那就是通过收购“来得到这个公司拥有的专利”。

到了电气时代，“专利”开始拥有了与之前相比更为重要的意义，专利能够左右公司的收益和未来。巨型企业GE的设立，也是以将各公司分散拥有的专利进行统一管理为目的的。

没有了爱迪生的GE，斯沃普总裁急剧扩增了销售额

1919年，是禁酒法颁布、麦肯锡开设管理会计讲座的那一年。

当年，爱迪生离开后的GE有一位新总裁就任，这位总裁毫无疑问为GE奠定了100年的基础。

他的名字是杰拉德·斯沃普[1]。他原本是一位工程师，但由于销售与市场能力得到了认可，成了GE的总裁。如果说爱迪生是发明大王的话，这位斯沃普总裁就可以说是销售大王了。

他使以发电和供电这样“繁重”的电力领域为中心的GE，在面向个人的家电产品领域也散开了枝叶。他所编制出的“新

1　杰拉德·斯沃普（Gerard Swope）：1872—1957年。他连任了两届GE总裁，开启了家电分期付款销售服务。

型销售手段”不仅使得GE的销售额急剧上升，还几乎改变了美国人的消费习惯。

他销售家电产品的手段，就是“按揭销售”。

当时，家电行业和汽车行业，“大量生产”技术已经非常成熟了。

亨利·福特完成了可以说是批量生产的“极致”工厂，在家电行业，工厂的量产体制也已经准备就绪。如果“大量生产”能够实现，那么接下来“只要销售就可以了”。

当时，家庭中的家电产品逐渐增多，冰箱、洗衣机、吸尘器等产品的价格还比较高，是只有有钱人才能买得起的商品。

许多公司花费大量的广告宣传费提高产品的认知度，尽量降低产品的价格，希望广泛销售。“便宜、广域”，这是美式品牌典型的销售方式。

在此基础上，斯沃普总裁想到了以“分期付款的形式”来卖货。

在对顾客进行了信用调查之后，以按揭的方式来销售——这一方法大获成功。GE家电产品的销售额开始急剧增长。

这也孕育出了“不害怕借钱”的美式精神。

汽车也好，家电产品也罢，都可以用分期的方式来购买——这是爵士时代的美国步入消费社会的开端。顺带一提，这一时期开始盛行“股票都可以用借款来购买”，这成了1929年大萧条的诱因。

推进分工管理

重视“规模”，以批量生产为目标，而且希望以低成本来制造的美国制造业，多以“单一产品”来一决胜负。单一产品更能够大量地生产，以低成本制造，这自然不用多说。卡内基造铁、洛克菲勒的石油、坎德勒的可口可乐所流传下来的“单品取胜”的传统，可以说在福特T型车上达到了巅峰。

“单品取胜”的传统，大约从GE销售家电时期开始有了变化。从白炽灯到冰箱、微波炉、洗衣机、吸尘器，GE的产品阵容逐渐扩大。独裁者性格非常明显的斯沃普总裁想一个人来管理这些产品的开发、生产和销售，但是产品数量增加，这样就不可行。

“范围已经大到我无法处理了。”明白这一点的他进行了“分工”。铁路公司所使用的“管辖区域”制是按照区域来分工的，与之相同的手段也开始运用到了制造业当中。

生产冰箱背后的成本计算

中世纪，香料非常受欢迎。它被用于消除保存不当而容易腐烂的肉类的味道。经过了漫长的时间，一种叫作冰箱、使得“保存”成为可能的机器终于进入了家庭之中。它的出现解除了家庭主妇的烦恼，可以说是一场变革。

只要能够明白各产品的核算特点，“挑选产品后销售”就变得非常容易了。GE也推行了按照产品来“分割”销售部门的管理制度。

虽然按照产品来分割销售额非常简单，但分割成本则非常困难。

销售额（S：Sales）－成本（C：Cost）＝利润（P：Profit）

在按产品计算的情况下，作为成本，除了与制造相关的材料费和劳务费之外，折旧费等固定支出和总公司费用等其他费用，也必须分配到各产品头上。仅凭这一个公式，成本不同，各产品的利润就会完全不同。

GE开始分割销售额已经过了100年的时间，但是在这期间，工厂中的机械不断增加，另外会计、人事、行政等公司的成本也在不断增加。计算分配的重要性是越来越高了。

从“S-C=P”这一基本公式来说，就如何计算“C”，100年间管理会计一直在为此烦恼着。

管理会计的分类核算从“按产品分”到“按行业分”，不断地发展着。

分类核算不仅让“挑选产品后销售”成为可能，还能在组织中下放经营权。

按产品也好，行业也好，地区也好，在向各负责人“分配”任务时，如果不能明确其要求，就不能对其进行“评价”。反过来说，只有有了评价结果这一环节，才能够开始“分配”任务。

明确各自的销售额和利润，进行业绩评价，是组织下放经营权的条件。

那么下一个问题，是各类别“要得出多少利润才行”这一非常困难的决定。

不能有亏损，希望是有盈利，这一点谁都能够理解。

S-C=P

销售额（S）－ 成本（C）＝ 利润（P）

‖

· 原材料费用
· 人工费用
· 折旧费用（分配的部分）
· 总公司费用（分配的部分）
……

实际上，基本上没有公司会把目标立为“这个产品目标是能有盈利，只要不亏本就行”——经营者注意到，这样一来难度就太低了。

那么假如要用更高一些的难度来设定利润目标，该向何处寻求这一计算的根据呢?

关于这一点，许多公司都会用“去年的业绩”来设定今年的利润目标。把利润目标设得比去年稍高一些，至少经营状况不会比去年还要差吧——我知道这样用去年业绩来制定目标的做法很受欢迎，但说起“与前一年做对比”这种做法是否正确，有一个非常大的疑点。如果前一年的业绩过好或过差，与这个数字进行比较就没有意义了。

“按产品和行业分开计算，利润需要达到多少呢？”

各产品和行业该如何设定利润目标真是一个令人烦恼的经营问题。

关于这一点，20世纪初期诞生了一个著名的公式，它给予了我们提示。它与从法国“逃亡而来”的移民一家有着深切的关联。

03 法国的杜邦家族引发了管理会计变革

从法国逃亡而来“擅长数字”的家族

新奥尔良的市中心有一个角落叫作法国区。

这片区域建立于法国殖民时代，飘浮着一股不知从何而来的香气。

18世纪末，法国发生了大革命。国王与皇后于断头台处刑之时，有一个家族勉强保住了性命，从法国逃到了美国。一族人从即将于断头台被处刑的危急中逃脱出来，整理了行李坐上了破船，总计13人。这艘破旧不堪的帆船，从出海到靠岸为止所花的时间比哥伦布还要久，而且船长搞错了线路，船并没有到达目的地纽约，而是到了别的地方。

历尽艰险，想办法到达了美国的这一家族，就是杜邦家族。

到达了美国的杜邦开始制造火药。他们注意到了美国产的火药品质较低，而从欧洲进口的火药价格过高。

“如果在美国制造、销售优质的火药，一定能大卖。”

他们初拟将工厂地址选在宾夕法尼亚，之后进行了详细的“成本计算和利润模拟”，对数字表达出的强烈关心是这一家族的传统。

确信能够赚到钱的他们在这个地方建造了火药工厂，之后，火药成了美国的铁路建设热潮、南北战争与第一次世界大战的特需物资，杜邦火药业务的成功超出了他们的预料。

在19世纪靠着火药赚了大钱的杜邦，到了20世纪开始尝试其他业务，开发和平产品。除了开发面向女性的尼龙丝袜之外，他们还将钓鱼线、网球线等产品送向了社会。

公司也有很多类型。如果说福特是擅长生产的公司，可口可乐是擅长做市场营销的公司，杜邦就是“擅长数字的公司”。

不知是否因为还有着过去从断头台被处刑的危机之中逃脱出来的记忆，杜邦家族在财务方面也一直采取“谨慎的态度”。他们除了进行大宗收购之外，不依靠借款，而是增加盈余资金（内部保留）使资产负债表中“自有资本”得到充实，进行踏实的经营。

杜邦公式提高了ROI

杜邦数值管理的基础，就是严格计算“各项业务的收益性”。

为此而进行的改革开展于20世纪初期皮埃尔·杜邦[1]就任总裁的时期。

事实上，这位“精于数字的总裁”的经历当中暗藏着“美国管理会计的起源”。

正如第7章中提到的，科学管理法之父泰勒向制造铁路零件的约翰逊公司提供了会计咨询，向这家约翰逊公司出资的正是皮埃尔。他后来成了约翰逊公司的总裁，目睹这家公司经受了千锤百炼的成本计算和会计系统演变。

感慨于此的皮埃尔，在后来就任杜邦公司的总裁时，将约翰逊公司的“数字鬼才”约翰·拉斯科布拉拢了过来。这样一来，“数字强人”总裁和“数字达人”财务经理的搭档就诞生了。

19世纪，最先进的铁路公司成本计算方式和管理会计的思维，通过泰勒传到了约翰逊公司，又因为企业并购而转移到了杜邦。

“铁路公司—约翰逊公司—杜邦”，这是管理会计版本的“线路会延续到任何地方”的走向。

皮埃尔总裁和拉斯科布的“数字鬼才”搭档，着手构建不同部门，进行“分类核算”。

1 皮埃尔·S. 杜邦（Pierre Samuel du Pont）：1870—1954年。化学产品制造商杜邦公司（现陶氏杜邦）总裁。他将杜邦公式的思考方法引入了管理经营当中。

他们将此前为止分割较为暧昧的公司内部组织划分成了“黑色火药、无烟火药、炸药、销售”这四个类别，决定分别计算其收益，对它们进行绩效评价。

此前，一般是通过计算利润率和成本率来评价绩效，但是“数字鬼才”搭档提出这样的疑问：“这样真的就可以了吗？”

为了产出利润，公司才会进行“投资”，所以他们在想，“与投资相匹配的利润”是不是很重要呢？传说中的杜邦公式（R=P×T）就以此为基础而诞生。

此处的“资本”，是指“投资的多少”。投资能有多少的利润——将它表示出来的就是ROI（Return On Investment：投资资本利率）。

将ROI（利润÷资本）分解为“利润率×周转率”，这就是杜邦公式。ROI就是利润率与周转率相乘，利润率和周转率中的任何一个上升，ROI就会上升。

杜邦公式中所展示的“利润率与周转率的乘法”，成了在考虑商业问题时的一个重要提示。即便说这一公式超越了会计，成了经营常识，也一点都不为过。

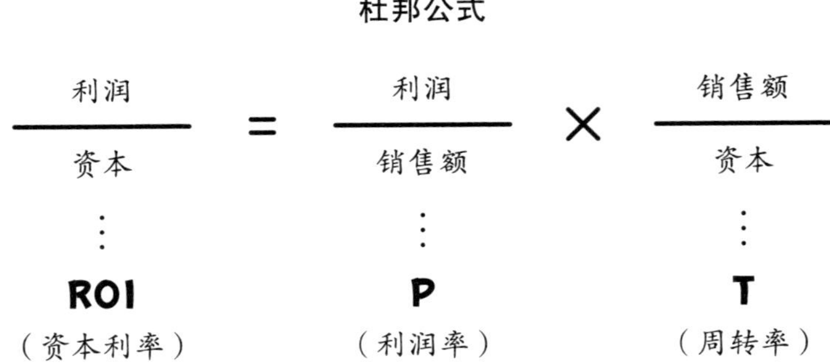

杜邦的各区块都围绕ROI、利润率和周转率制定了目标。规模较大（投资较多）的业务，会被要求产生与之相匹配的“较大的利润”。

“拿出与投资相符的利润吧！”这一信息通过杜邦公式准确地传达到了各业务负责人那里。

实际上，ROI的想法原本就存在于铁路公司经营当中。想得到“与投资的额度相符的利润”，就要考虑要开设哪一条线路才好呢？或者说运费应该设定在多少钱才行？像这样的铁路经营决策中，ROI也有被用到，这一精髓从铁路公司流传到了杜邦那里。

杜邦公式引入GM

这一公式从20世纪头十年开始在杜邦公司使用，1919年杜邦公司将它图表化后，还出现了有助于规划的图表系统。

杜邦开始秘密地使用这一公式和图表系统，内容对外保密。杜邦无意教授对手“对经营有用的工具”。

从这一点我们可以明白，管理会计是“以内部利用为目的”的会计，与“以向外部报告为目的”的财务会计不同，其内容很多时候作为“秘技”是不能外传的。

当时的对手只要销售额和利润比前一年有所增长，就非常高兴了。皮埃尔总裁一边看着他们，一边觉得“好极了”捧腹大笑。

杜邦公司将各业务的ROI作为经营判断的基本。即便能够看到眼前的利润，只要ROI很低就不投资。另外，即便是能盈利，杜邦也会从ROI较低的业务当中撤退出来。

如果只是想赚快钱，以“利润”为本来判断就行了，但是设备投资较大，而且考虑长期性发展的行业，我想ROI更为合适。从组织管理来说，因为可以按各业务来计算ROI，将各业务“分配”给负责人才变得可行。

像这样使分权管理成为可能的秘技，意外泄露到了社会上。信息是从汽车制造商GM（General Motors）那里泄露出去的。皮埃尔为了解救陷入经营危机的GM而担任了老板，在机缘巧合之下才泄露了信息。

GM为了超越领先的福特公司，采取了不断扩张的战略，但最终还是迎来了经营危机。其经营状况由于第一次世界大战期间的市场景气而有所好转，但是经营危机卷土重来。这时杜兰特总裁辞职，取而代之坐上总裁位置的就是皮埃尔。

皮埃尔将GM与杜邦一样，分成了大型轿车、小型轿车、卡车等几个类别，将杜邦公式应用其中。GM因此能够一边维持各业务部门的独立性，一边进行数据考核。

与执着于以T型福特车这个单一品种取胜的福特汽车相比，GM制造了“所有类型的汽车”。

由于合并而设立的GM，通过采用业务部门制度，以解决管理问题为目标，取得了一定的成果。它将杜邦公式应用到多元化的业务部门当中，由此各业务部门恢复了力量。

相较于执着于T型福特车而销量减少的福特，采用了业务部门制度的GM接连不断地发布新产品，业绩逐渐上升。

在远离法国的土地上开了花的Division

杜邦所采用的ROI是“小投资得到大利润”这样的基本想法。皮埃尔与拉斯科布这对“数字鬼才”搭档为了将这一基本思想落实到各业务部门，思考出了杜邦公式。

比如说ROI较低的部门，是利率较低，还是周转率有问题，都可以根据这个公式针对问题来进行分析。

要根据ROI来对各业务进行评价，作为前提，就必须明确各业务部的R（利润）和I（投资、资产），也就是说有必要计算各业务的利润和资产。

“每项业务的利润”与“每项业务的资产”，哪一个都不是那么容易计算的。固定支出和共同费用如何分配到各部门的成本上？总公司和研究所等的资产如何分配到各部门？不仅是杜邦公司，所有的公司都碰到了这些管理会计方面的难题。

如果是财务报表的制作和报告这样“本分的会计”，会有正确答案，但是管理会计这样“自由的会计”，没有正确答案。这时需要一边思考利用信息的目的、负责人的责任范围等，一边创造性地得到答案。

即便是同一个会计负责人，在财务会计中需要“忠诚地恪守规则”；在管理会计当中，又要求“有自由的想法”。皮埃尔与拉斯科布的搭档精通任何一种。

正因为如此，他们才是“数字鬼才”。

由于“数字鬼才”搭档的领导力，各业务R（利润）和I（资产）的计算体系得以整合，因此杜邦的经营才能够向前迈进。

1920年，杜邦公司成了世界上第一个采用“事业部”制度的公司。能按照事业来分别计算R（利润）和I（资产），就能够下放经营权。事业部制在此之后通过皮埃尔总裁，也被GM公司所采用。

从火药的制造销售商到开始做事业的杜邦公司，在南北战争和第一次世界大战当中得到了一大笔赢利，但是，不能继续依赖战争的“特需”。战争是无法预知何时开始、何时结束的。另外，“靠战争赚钱的商人”形象对公司来说也不是那么讨喜。

这时杜邦公司找到了“和平的新业务”——著名的“尼龙丝袜”。这一面向女性的时尚产品，改善了杜邦公司的形象。

以此为开端，杜邦公司开始了以纤维业务为首的新业务，但支撑着它们的，是精准地计算了每一个部门ROI的数值管理体制。

原本杜邦家族在法国革命之际被祖国赶出来，勉强保命来到了新天地。

在这场法国革命之后，如彗星一般出现的拿破仑指挥了法军，不断征服欧洲各国，这有赖于拿破仑在战斗中活用了师团（Division）。

师团得名自“分开”（Divide）一词，是一个“即便分开也能够自律地战斗”的组织。奇怪的是，逃出法国的杜邦，在远离祖国的地方将事业部制（Division）带入了商界。

04 开始混合的音乐与会计

摇滚之王登场

“啊，今天也好闲啊！”

马里恩毫不介意地打了一个大哈欠。她是唱片公司的前台。公司至今还没有找到“就是他了”这样的艺术家，处于一个通过提供录音服务来想办法维持下去的状态。即便这样，这里也是将录好的曲子变成醋酸纤维唱片的地方。多亏了电气公司和化学公司，能够非常便利地录制唱片。

“Hello！”

某一天，伴随着一声腼腆的招呼，一个男子来到前台。年少的他积攒了仅有的一点钱，第一次来这里录音。那个时候的录音费是4美元。

结束了录音的他，非常珍视地抱着录有自己歌声的唱片回去了。

如果与往常一样的话，故事到这里就结束了。但是，只有这次，马里恩把他的录音带留了下来。稍稍有些在意他的歌声，马里恩想将他的歌放给老板听。

虽然马里恩那时候在录音带上做的记录拼写有误，多了一个s，但是也好好地将“普雷斯利”（Pressley）的名字写了下来。

爵士时代的狂热退去后的1935年，普雷斯利[1]出生了。

因大萧条，一家人勉强维持着非常贫困的生活，母亲混在黑人当中靠采摘棉花来维持生计。普雷斯利从婴儿时期开始就听着棉花田里的劳动歌。

他们住在孟菲斯面向贫困白人（Poorwhite）租客的破公寓里，这里的中庭一直有带着乐器的年轻人在演奏。

与新奥尔良一样，孟菲斯也是洋溢着音乐的城市。年轻时的普雷斯利是会收听刚刚开办的面向黑人的广播，是周末会去教堂唱福音的音乐爱好者。他在生日时收到了一把吉他，在弹奏过程中，他沉迷于音乐之中。

有一天，想试一试自己的实力是否足够强，他来到了马里恩所在的Sun唱片公司，这次的录音改变了他的命运。因为这盘录音带从前台马里恩手里交到了老板萨姆那里，他才踏出了作为职业歌手的一步。

普雷斯利录制的是黑人的歌曲。当时，音乐之间也存在着“白人与黑人”之墙，“白人音乐”和“黑人音乐”有着明确的区分。普雷斯利将黑人的曲子录制成唱片来贩卖这件事是有相当风险的，但是萨姆赌了一把。

最终萨姆赌对了，普雷斯利大火。他将黑人的节奏布鲁斯和福音与白人的乡村音乐等各种各样的音乐混合，最终孕育出了摇摆舞曲和摇滚乐。

歌迷们第一次在电视上看到“摇滚之王”普雷斯利时，大多都非常惊讶：“他是白人！”

1 埃尔维斯·阿隆·普雷斯利（Elvis Aron Presley）：1935—1977年。音乐家，摇滚乐创始人之一。

财务会计和管理会计的混合

普雷斯利的歌声，通过当时逐渐普及的唱片机和广播传入了人们的耳朵。他在电视上出演时，穿着时尚，演唱热情，将年轻人卷入了狂热的旋涡之中。

如果说路易斯·阿姆斯特朗是“第一个被录音”的音乐家，普雷斯利就是乘着“电视这个新媒体”之势而诞生的新英雄。

同样，在芝加哥，与路易斯·阿姆斯特朗同一时期诞生的管理会计，到了普雷斯利的时期已经确立了“规划、分割、评价”这样的基本模式，开始得到商业人士的支持。

作为预算本质的“规划”，与分类的“分割”相结合诞生了“分类预算”，再通过预算和实际绩效比较来“评价”负责人。这一“规划+分割+评价=按分类来进行业绩评价”的结构使大型企业的大叔们感到惊喜，一把抓住了他们的心。

如果说普雷斯利的出道作品是《伤心旅店》（Heartbreak Hotel）的话，管理会计的亮相之作就是“ROI杜邦公式”。

基于杜邦公司的ROI杜邦公式的事业部制不仅成了管理会计的“标准”，还与财务会计共同孕育出新的产物。以事业部制为基础的“双重的委托关系”，谋求的是财务会计与管理会计的整合。

首先，杜邦公司从外部股东那里筹措了资金。经营者对此承担了要有效地得到利润的责任，这一效率以ROE（Return On Equity）来测评。

接下来，经营者利用从外部收到的资金对各业务进行投资。业务经理要负责用收到的资金赚取利润，这一效率以ROI

来测评。

在此，就产生了“股东一经营者”之间财务会计的委托关系与“经营者一业务经理”之间管理会计的委托关系，这种“双重委托关系”。

用ROI来要求业务经理，“得出与投资量相符的利润”。即便销售额高、利润率高，且与前一年相比是增长的，只要ROI较低就不合格。

双重委托关系

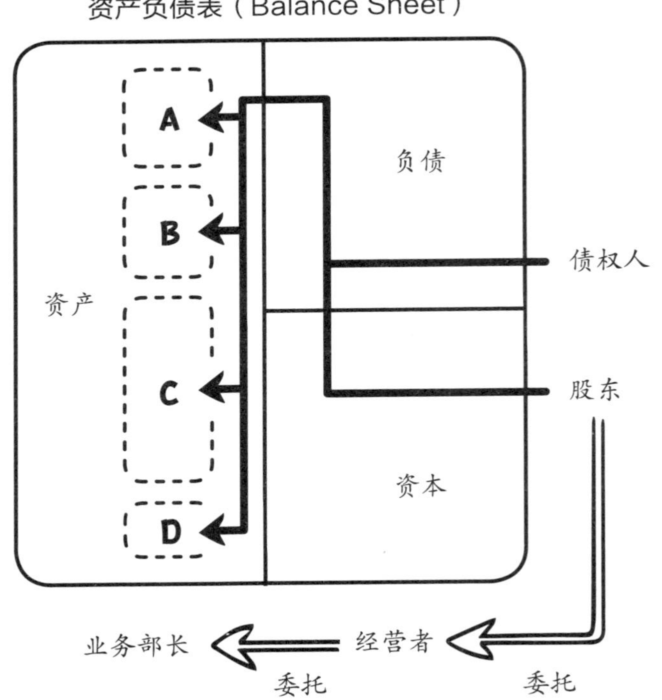

在这一点上，日本导入的事业部制的评价当中只有“销售额和利润”，而很多时候不加入资产负债表的“投资（资产）”，因此各事业部展开了重视“销售额和利润”的规模型经营。经济景气的时候用这个模式可以行得通，但是到了不景气的时候就会像19世纪末期的美国企业一样发生“低价格竞争”。

不知最近的日本企业是不是对此进行了反省，正着手进行压缩资产负债表的“效率”经营。恐怕皮埃尔与拉斯科布这对“数字鬼才”搭档在天国正笑道：“现在才注意到吗？”

以管理会计100年为契机，重新认识其“模式”吧

在讲解了管理会计根源的本章当中，还是介绍了许多1919年到1920年间发生的事情。

麦肯锡开始做管理会计的讲座，斯沃普在GE成了总裁，杜邦公司开始推行事业部制，都是这一时期发生的事情。世界克服了一战后产生的社会与经济的“动荡”，开始步入爵士时代，正好也是“管理会计开始”的时候。

也就是说，我们即将迎来“管理会计100年”了。“虽说只有100年，可毕竟也有100年。”紧跟这一步伐，我想我们也到了该再一次验证管理会计的时候了。

公司制

日本的情况是，在20世纪90年代后半叶非常流行“公司制”这一组织形式。它从管理会计方面来说的话，比只负有P/L责任的事业部制更进一步，是对资产负债表负责的一种组织模式。各公司的领导对利润和资产两方面负责，也就是说要对公司ROI负责。

首先我们应该回到原点去确认的是，财务会计和管理会计的目的是不一样的。

“面向外部的财务会计VS面向内部的管理会计”——基于义务的外部报告，最为重视“遵守规则”。与之相对，管理会计中基本上不存在“规则”。

在面向内部的信息提供当中，比起正确性，“易懂”比什么都重要。与财务会计不同，内部信息没有必要写出精细的每一个数字。比起这个，它需要通过运用表格和图片，让人更容易看懂。

就这一点上，还有很多公司的会计部有很强的财务会计意识，重复着“难懂的说明方式”。到了100年后的现在，让我们来到管理会计“简明地向公司内部传达”的出发点上吧。

其中，作为管理会计基本“模式”的“规划、分割、评价”，在经过100年的时间后，也产生了“新问题”。

100年前美国制造业所处的环境和100年后现代企业所处的环境大相径庭。另外，在制造业不再是时髦产业，在诞生了信息、服务这种新型产业的当下，有必要验证其基本“模式”是否还通用。

经过很长一段时间以后，也许会发生“模式”落后于时代的情况。现在，质疑至今为止的“模式”是非常重要的。

比如说，“规划”这件事真的可行吗？如果说很难对未来的销售额进行预测，麦肯锡预算就无效了。在这种情况下，或许就有必要针对灵活的预算进行“修改”，并重新看待预算这件事本身。

另外，对于分类式的“分工”，如果做过头的话就会发生内部对立。而是否会导致“全公司的协作体制”失效，这一点也必须进行验证。关于“评价”，从100年前开始要做好这一点就非常困难，最近其困难程度又有所增加。如何才能创建出富有创造性的工作环境呢？尝试才刚刚开始。

管理会计诞生100年后，我们必须一边对这些“模型”的根源进行理解，一边进行现代的重新认识。

将味道有点不一样的摇滚引入管理会计

只能现场演出的音乐终于迎来唱片的诞生，是在20世纪初期。

和簿记一样能通过五线谱这种“纸上的形式”记录下来的音乐，500年之后，能够“按照音符”记录和播放。

但是唱片的出现带来过大的冲击，使得音乐家的演奏风格变得“没了意义”。

由于唱片收录时间的限制，乐曲需要“短小且准确”地进行编曲。

如果太长的话就不能被收录到唱片中，也无法在广播中播放。另外，通过唱片和广播记住了曲调的粉丝会期望在音乐会现场听到“一模一样”的演奏。如果加入了即兴表演而打乱曲子，就会被说是“与唱片不一样”。

因为这些，演奏模式越来越固化。Sun唱片公司的老板萨姆·菲利普斯[1]对那样的业界动态感到厌烦。正因为如此，他才会寻找“破格”的歌手。在这时，“拥有黑人感觉的白人”普雷斯利的出现正合他意。

无论是黑人音乐还是白人音乐，普雷斯利兼收并蓄再创造，孕育出了新的摇滚音乐。

我想我们也应该向萨姆和普雷斯利学习，学习再一次打破“模式固定”的管理会计框架的摇滚姿态。

管理会计诞生后的100年，或许是时候试着从ROI中脱离出来了。财务会计工作的“形式变得固定”是没有办法的事，但是在管理会计上让我们拿出摇滚的姿态向前进吧。

提高创造性，使组织的势头加快，“配合潮流”的管理会计的时代才刚刚开始。这与工业时代稍有不同，我们想要创造出这样的模式。

听从前台马里恩“试着听一下”的建议而听了录音带的萨姆，决定让普雷斯利尝试录音。虽然一开始进行得不太顺利，但从疲惫的普雷斯利“自暴自弃”地唱起黑人歌曲开始，奇迹就发生了。

“That's different! That's a pop song Now!”

兴奋的Sun唱片公司老板萨姆的叫声，奇迹般地作为录音

1 萨姆·科尼利厄斯·菲利普斯（Samuel Cornelius Phillips）：1923—2003年。Sun唱片公司的老板，音乐制作人，发现了普雷斯利的才能，使他出道。

留了下来。

从这声叫喊开始，萨姆那“改变业界”的梦想（I Will）开始实现。

普雷斯利从孟菲斯的Sun唱片公司转签到了大公司RCA，不久就发行了《伤心旅店》，这首歌在Billboard榜单上连续八周稳居第一。

听到这首“安静的摇滚乐”的基思·理查兹很受冲击，因为这首歌改变了他的人生。

路易斯·阿姆斯特朗将曾是黑人音乐的爵士乐推广为大众音乐，普雷斯利将黑人与白人的音乐混合创造出了摇滚乐，20世纪，音乐的接力棒完美地向着“下一个时代”传承了下去。

延伸阅读

1. 爵士时代

得名于20世纪20年代著名的作家F. 斯科特·菲茨杰拉德的书名。第一次世界大战结束后，它象征着享乐型大众文化。

2. 标准成本计算

并非实际上所花费的成本，而是把“争取一下可以缩减到这个程度”作为理想化的标准成本，以这样的标准成本来进行成本计算，通过这一计算，能够使工厂的“浪费”显而易见。这并非无视实际上的成本，而是要在标准成本和实际成本的差额之间进行会计处理。

3. 福特T型车

美国制造业批量生产的代言人，福特参考了食用肉加工厂，导入了传送带系统大量生产汽车。批量生产降低了每一台车的成本，销售价格不断下降。

4. 边际利润（Marginal Profit）

虽然名叫边际利润，但它绝不是“超过这个界限就不行”

这样的利润。由于它是从销售额中减去可变支出得到的利润，拥有“与销售额成比例”的性质，也叫作比例利润。这一重要的概念取了一个较为含混的名字，稍稍有些可惜。

5.《圣徒进场的时刻》

原本是在黑人的葬礼队伍迎来送往时演奏的曲子，在迎送的途中较为阴郁、归来的路上较为朝气。由于路易斯·阿姆斯特朗，这首曲子成了爵士乐的标杆。我想只要听到旋律，就会有很多人觉得“是这首曲子啊”。

6. 利润率和周转率

在杜邦公式中明确表示的“利润率与周转率的乘法”，成了商界的基本公式。是用利润来赚钱，还是用周转率来决一胜负呢？将这称为考虑商业模式时的原点一点都不为过。

7. 事业部制组织

作为日本最早引进事业部制组织的公司，松下为人所知。在美国也好，在日本也好，都是在多元化推广的最早的家电行业中开始采用。

8. 资产负债表压缩

为了压缩B/S，公司要围绕对福利待遇的分配、公司住宅和单身宿舍的缩小、营业分所的改组、工厂和研究所的改组等，持续进行着令人感动得要流泪一般的努力。

第9章
21世纪美国　价值变革

1963年11月22日的利物浦。

“J. F. K. 被暗杀”的消息给这座城市的人们带来了很大的冲击。利物浦有许多爱尔兰裔的居民，也因为这一点，人们更为震惊了。

原本是乐队成员的吉姆也是其中之一。

爱尔兰裔的吉姆，在利物浦受到德国空袭的时候，在防空避难所中与比邻的女性结了婚。

虽然并没有那么富裕，但这是洋溢着音乐氛围的幸福的一家。

吉姆对于音乐的喜爱也传到了儿子身上，他与朋友们一起开始了乐队活动。这个乐队不仅是在英国，就连在 J. F. K. 被暗杀后的美国也有着非常高的人气。

“没想到我的儿子会到这种程度……”

吉姆一直都无法相信自己的儿子如此成功。

01 向迈克尔·杰克逊学习价值思考

原乐队成员吉姆的自白

开战之前，我原本是棉花销售员。

这个工作的内容是将到达利物浦港口的棉花运到交易所。有时候也会拜访顾客，去一下曼彻斯特的工厂。我会坐火车从利物浦去曼彻斯特。据说那条铁路是世界上最古老的铁路，你们知道吗？

我一边做着销售员，一边在乐队里弹钢琴。我记得玛丽也经常来听我的演奏。我们两人因为都是爱尔兰后代，非常谈得来。她是天主教徒，而我是新教徒，但我们并不太在意这一点。神明什么的随他去吧。比起神明，只要有音乐，人就能幸福地活着。

在欧洲人里，利物浦人最喜欢音乐。因为，来自新奥尔良的唱片送达这个城市比其他地方都更早、更快。唱片与在美国南方的密西西比采摘的棉花一起，在新奥尔良装船。这个城市的人们因此对美国的爵士乐和蓝调音乐非常了解。

在玛丽去世的时候，儿子开始陷入音乐。我想他是用音乐来治愈失去母亲的悲痛。这么说来，我好像在那家伙生日的时候给他买了小号。只不过他吹得不怎么样。他努力练习了路易斯·阿姆斯特朗的《圣徒进场的时刻》呢。

后来小家伙听了普雷斯利的《伤心旅店》并进行模仿。这一次与小号不一样，还有点意思哟。

即便如此，没想到这群家伙的乐队会到这种程度啊……

那是因为这次他们打入发源地美国了啊！虽然还处于保密阶段，出演The Ed Sullivan Show这个节目已经敲定了，而且还要在卡内基音乐厅开演唱会。

你问我是怎么知道的？因为他们的经纪人布莱恩是我买钢琴的店家的儿子。

我认为这次发售的曲子《想要拥抱你》一定会大卖的。

我得意的儿子保罗，在美国也尽情地歌唱吧！

仅仅花了14分钟就在美国引发了热潮的披头士

保罗与其他人结成披头士的时候，正是利物浦的摇滚热与噪声爵士乐火热的时期。

在英国有了人气的披头士乐队计划向美国发展。他们在1964年登上了最有名的音乐电视节目The Ed Sullivan Show。虽然只有“仅仅14分钟”的演出，但是看了这个节目的少年比利·乔尔受到非常大的冲击，自认为“改变了他的人生”。

就在播出的第二天，少年布鲁斯·斯普林斯汀为了要买吉他而急忙去了乐器店。因为有许多这样的少年，大部分乐器店的电吉他都卖空了。

在披头士乐队于Music Scene中出现后的数年时间里，美国的专辑销量激增，正是披头士乐队将“购买黑胶唱片”的文化扎根于美国。

“英国艺人在美国不吃香”曾是当时的常识，但是披头士乐队用“仅仅14分钟”就打破了那堵厚墙。

自己的歌要“2000万英镑”，是贵还是便宜

在美国华丽出道之前，保罗等人被经纪人布莱恩·爱泼斯坦逮到了“一间黑暗如马厩一般的房间里”。

在那里，同坐的律师递来一份合同，他们在合同上签了字，但这次的签字成了保罗终其一生都非常后悔的事情。

保罗和约翰所签的合同上写着“将歌曲的著作权转让给公司”这样令人难以置信的条约。年轻的保罗应该没有领悟到它的意义，他只是按照被告知的去签了字。

从保罗和约翰那里得到了著作权的公司“Northern Songs”于1965年公开发行了股份，这家公司成了公众公司，变为了任何人都可以购买股票的公司。这是不幸的开端。

根据“资本的规律”，通过掌握公司股票的方式就可以得到列侬-麦卡特尼的著作权。将对“资本的规则”一无所知的保罗的苦恼放置一边，这家公司的股份几经转手。

在过了很久之后的1981年，保罗终于得到了以2000万英镑来买回著作权的机会。

虽然他与前一年去世了的约翰的代理人小野洋子进行了联

络交涉，但是洋子对于支付这笔钱面露难色，因而没有得出结果。发生了这样那样事情的过程中，一条令人难以置信的新闻向保罗袭来。

“迈克尔·杰克逊用5300万美元购入了著作权。”

有过共同演出经历的“亲弟弟般”的迈克尔购买了自己歌曲的著作权，保罗对此感到愕然。他联系了迈克尔，但回答他的竟是“已经交给经纪人了”这样无情的答复。

最终，保罗在自己制作的电影中演唱了自己的《昨天》（Yesterday），但他不得不为此支付迈克尔“使用费”。他被要求支付了“1英镑”。“我很痛苦。”他本人说道。

权利的流转并没有到此结束。迈克尔死后，著作权转移到了Sony/ATV音乐那里。对此，保罗在进行购买交涉的同时开始诉讼，双方于2017年终于达成了和解。

由于和解的内容不明，保罗是否买回了《昨天》《Let It Be》的权利，具体情况我们不得而知。

保罗和其他的音乐人一样，认为“歌曲是属于制作人的财产”。如果歌曲的著作权属于公司，那就能通过“掌握公司的资产负债表右下方”来获取。

洋子与迈克尔，各自的主张

实际上，“就差一点”保罗就有机会买回著作权了。

与小野洋子商量的时候，他本打算平摊2000万英镑来支付费用。这时候如果洋子接受了支付一半的“1000万英镑”的话，这件事就得到了解决。

但是洋子抱怨道："2000万英镑太贵了，还价500万英镑吧。"因此交涉决裂，之后，著作权被迈克尔·杰克逊以5300万美元买走。

我非常能理解洋子无法接受的心情。倒不如说，或许她这种一边抑制了不满的情绪一边提出500万英镑来妥协的做法是值得表扬的。但是同样的东西，迈克尔·杰克逊支付了更高的"5300万美元"来购买。

洋子与迈克尔的思考方式有明显的不同。

让我们分别思考一下"洋子的主张"和"迈克尔的主张"吧。

"我明明是购买自己的歌曲，为什么非要花费2000万英镑不可？很奇怪不是吗？

"但是保罗无论如何都要这么做，所以我才说如果便宜500万英镑的话我买下也行的啊。虽然我觉得即便如此也是很高的价钱了。"

"5300万美元一点都不贵啊！因为，你觉得披头士乐队的歌到底能赚多少钱呢？与之相比的话是很合算的一次购物哟。"

"问题在于，'它能为我赚多少钱'。"

……恐怕这两人所主张的点就在这里吧。

洋子在意支付的"成本"，另一方面，迈克尔在意的是到手的"回报"，你明白了吗？

在进行投资的时候，是关注所支付的"成本"，还是从中得到的"回报"呢？

这个不同点，在会计当中是非常重要的论点。

这一"成本还是回报"的问题不仅是保罗、洋子、迈克尔，也是所有的经营者都为之烦恼的难题。

对所有的投资来说，都有“成本与回报”。虽然成本是可以简单且明确地进行计算的，但回报是将来的事情，计算起来并没有那么容易。就算可以计算，要表示出其客观性，也是极其困难的。

正因为如此，长期以来会计关注的是“成本”，作为记录成本的对象而存在，但是，显然无视回报的话是有问题的。

为了打破这一恼人的状况，重视“回报”的新领域出现了，那就是打着“企业价值”旗号的金融。

02 什么是企业价值

拘泥于历史成本一路走来的会计的历史

古今中外，人们在买卖中进行着各种各样的投资。

在中世纪的地中海贸易中，人们投资香料；在工业革命后的工厂，人们投资建筑物和机械；迈克尔·杰克逊令人惊讶地对著作权进行了投资。

公司所进行的投资，记录为资产负债表的“资产”。变现较快的“流动资产”被放置于资产负债表的上半部分，而变现花费时间较久的“固定资产”被放置于下半部分。

在此有一个问题，那就是“以多少钱来评定”这些资产的价格？“资产评定”在会计当中是最为重要且非常困难的问题。

首先，要评定资产的金额，有原价和时价两种考虑方法（第6章）。原价是“购入时付了多少钱”——以流入为基础的金额，时价是“现在能以多少钱卖出”——以流出为基础的金额。

就披头士著作权来说的话，洋子主张的“成本”是原价，迈克尔主张的“回报”是时价。

在资产评定方面，长期以来“原价（成本）评定”就被认为是原则。其理由非常容易理解，因为会计原本就是要记录“金钱动态”。因算账非常重要，所以才会关注“购买的时候付了多少钱”。

与之相对，时价评定是假设卖掉在现实中所拥有的东西，是仅仅基于“假设”的回报，人们因此对其有些敬而远之。

资产负债表中存在的流动资产和固定资产

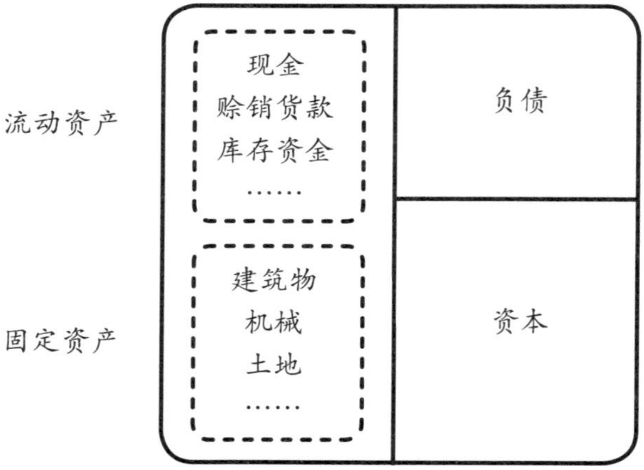

“比起假设的数字，实际的交易数字更重要。”——这一点从中世纪的意大利到现代为止，一直是会计的根本。会计的本质从簿记出现以来，一直是“收支计算”，从未改变。

即便是折旧和成本计算等稍稍复杂一些的计算，至少是以“实际的支出额”为基础，不会进行超出这个范围的计算。正是由于对这样的“金钱计算”有着强烈的执念，会计的信誉才得以保持下来。

但是如果企业的活动变得长期化，成本估算问题也会逐渐变得更显著。如果长期持有资产，根据原价来评估的时候就会变成“脱离现实”的金额了。

比如说，很久以前以“几乎不要钱”的价格购买的土地急剧升值，变成了“×亿元”的话，究竟哪一个才是正确的评估金额呢？

原价VS时价

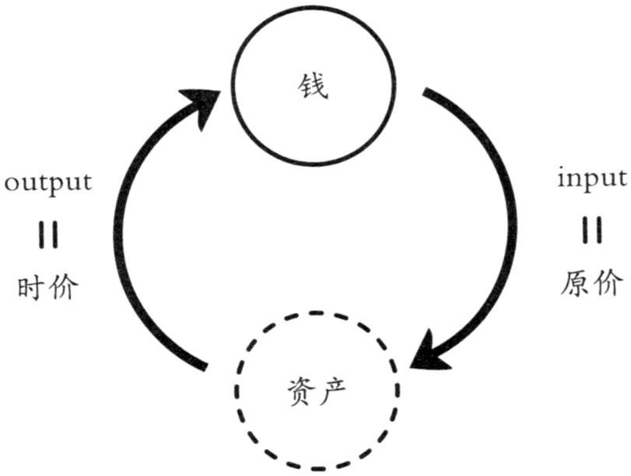

像这样，原价和时价之间的差距极端拉大，采用“时价”来表示现状的呼声变高。在投资者的存在感增强、披头士活跃着的20世纪60年代，“时价”的呼声在美国逐渐提高。

因为产业转变，“隐藏资产”增加了

关于资产评估的“原价VS时价”问题，近年来的国际会计中，时价主义变得更有优势。第6章已经说明了，其背景为人们重视“对投资者提供信息”。

20世纪60年代盛行采用将“对投资者提供信息”作为目的的时价，这段时期，工业化社会开始迈向信息化社会，一点点地推进产业转型。

正巧从那段时间开始，除了“原价VS时价”问题之外，还渐渐出现了新的会计问题，那就是“资产为何物”这样根本性的问题。在信息化社会，出现了至今为止的框架中无法捕捉殆尽的资产。

比如说机械“长期租赁出去”的情况下，还是“资产”吗？

公司中“珍藏的优秀人才”是“资产”吗？

公司拥有的“独有技术”和“强大的网络”又如何呢？

这些从原则上来说，没有计入资产负债表中。

租赁资产虽然能够被计算，但是人才和技术、网络等，在规则上来说无法作为资产被认可。也就是说，在资产负债表中，它们成了“隐藏资产”。

这样看来，“流动资产和固定资产”背景下的“钱与物的二分法”，有着浓浓的迟于时代的味道。20世纪曾是主角的流通业和制造业中，它虽然是有效的，但是在信息、服务、金融业并不适合。

公司的收购，是将其公司的“将来收入”整个购买的行为

随着“隐藏资产”的增加，资产负债表逐渐变得无法表示“公司的实力”了。这样就出现了使优秀的人才和技术在资产负债表中沉睡的公司。

这样一来，决定瞄准那样的公司的狙击手（收购者）就出现了。对他们来说，公司的“隐藏资产”越多，猎物的美味就越多。那是因为对收购者来说，得到使“隐藏资产”沉睡的公司，改善其经营的话，就会让它成为“怪物”，想要一夜暴富也不是梦。

在美国，19世纪的收购是为了击溃对手、降低成本而进行的。

20世纪前半叶的收购，是像GE所做的那样，为了得到权利而进行的。而在20世纪后半叶，为得到隐藏资产的收购增加了。

在发现慢于时代步伐的资产负债表中沉睡的“隐藏资产”后进行的收购中，“收购价格”与“资产负债表中的纯资产（资产-负债）”的金额理所应当是不一致的。资产负债表中“沉睡的资产”越多，溢价部分的收购价格就越高。

收购价格 > 被收购公司资产负债表的纯资产

买方由于“以高额的现金购买较少的资产”，资产负债表中的差额部分会出现空白，这就是“商誉”。被计入资产部分的“商誉”，意味着在收购中所另加的溢价。

商誉的真面目

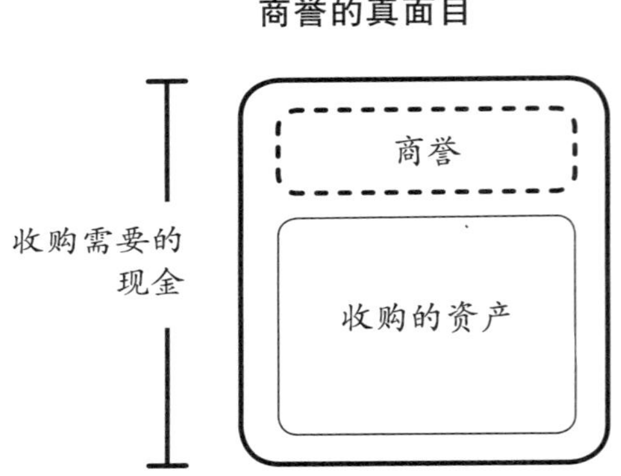

收购价格和被收购公司资产负债表的纯资产之间的差额可以变为“商誉”，那么在这样的收购中，“收购价格”又如何决定呢？

收购价格的决定既非常重要，又是企业并购的难点所在。

在决定“购买公司的价格”时，簿记和财务报表几乎都不起作用，那是因为它们表示的是“过去的数字”。

那么如何才能计算“适当的公司价格”呢？其提示，就在前述“迈克尔·杰克逊的判断”当中。

保罗和洋子没能以2000万英镑进行收购，而迈克尔·杰克逊以远超过这个价格的5300万美元购买了歌曲的著作权。为什么会出这么高的价格，因为他认为“能够期待比这更大的回报”。

迈克尔在自己的立场上计算了“能够期待的回报”，才决心支付了自认为很便宜的5300万美元。在这里，“期望回报”才是资产的“价值”。

在企业并购中也是如此，如果要收购这家公司，能够得到的“期望回报”就成了一把钥匙。它不能在资产负债表中被表示出来，它是从对被收购公司“未来的现金流量”的预测中计算出来的。所谓的购买公司，即是“购买从这家公司产生的现金”。

在此被计算出来的期待回报的总和，为“企业价值”。比起合计了未来回报的企业价值（回报），收购价格（成本）更低的话，收购！相反，收购价格比企业价值要高的话，不买才是更明智的。

正由于迈克尔判断“著作权的价值（未来回报总计）>5300万美元”，才决定购买它。像这样，与重视支出成本的“洋子式的想法”相对，“迈克尔式的想法”重视的是未来的现金流量。这个新的想法超越了传统的会计架构。因为它连会计理论所说的时价主义都越了过去，跨越数个年度对未来的现金流量进行了计算。

“公司金融”的新领域诞生了。

企业并购时代里备受瞩目的金融

从名为财务会计和管理会计的“Accounting”中脱离，作为新的领域而产生的就是公司金融（Corporate Finance）（在日本省略了公司，多称为“融资”）。

金融的重要目标，就是使“公司的价值”变得清晰。在盛行“公司”买进卖出的时代，金融能够计算IT、信息服务等“隐藏资产”较多的企业的价值。

金融理论中有一种思考方法，那就是之前陈述过的“在购买公司时，要购买这家公司产生的现金”。简单地说，公司的价值（企业价值）根据接下来的两个步骤来决定：

预估公司收购后的未来现金流量。

将未来现金流量以目前价值进行贴现计算。

根据这两个步骤“理论上”计算企业价值的是金融。即便是相同数字的计算，与“会计”也是完全不同的世界。

计算企业价值的方法

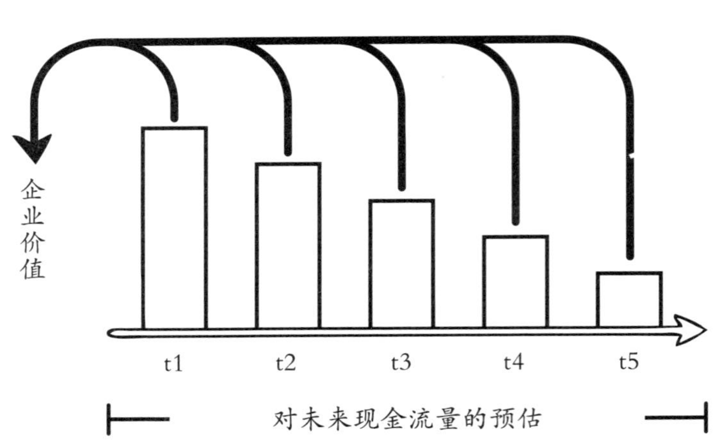

“会计”是以从过去到现在为止的交易为基础的记录、计

算、报告的体系。与之相对，金融处理的是未来的数字，就这个意义来说和过去的会计进行的是不一样的计算。

金融为我们提供了在此之前的会计中所没有的视角，那就是“要提高企业价值，就有必要增加未来的现金流量”。

为此，就必须对投资的选择和管理方法、库存和赊销货款以及赊购账款进行有效管理。

另外，在对当前价值进行贴现计算的时候，为了降低“资本成本”，就必须在资金筹措的方法上下功夫、充实IR（Investor Relation，投资者关系）活动等。

会计现有的架构中没有金融这样的评价方式。负债与资本的量通过“交易事实”往往在事后决定，几乎不在事前考虑“负债与资本所期望的比率”。

将时间轴从过去移到未来，带来对数字应有的观点，金融起到了进一步推进会计的作用。

03 金融支撑了投资银行与基金的活跃

从德国来的赶牛人的儿子

1848年大批欧洲移民来到新大陆。

“为了自己”的会计

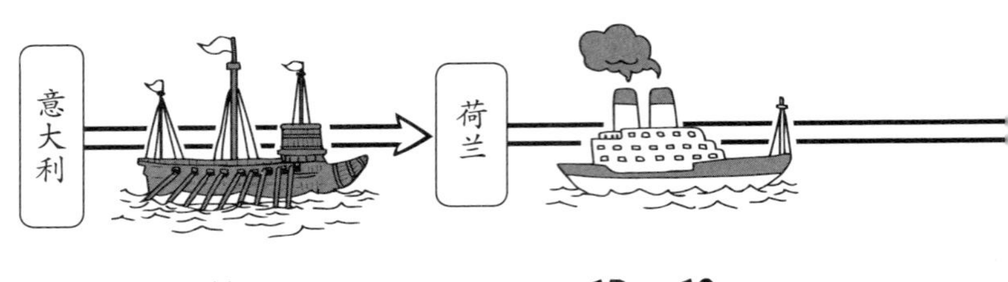

德国赶牛人的儿子马库斯·戈德曼[1]也是其中一员。

他不屑于犹太裔移民同伴良好的发展，从旅行商人开始做生意，通过收购商业本票，踏实地积累了手续费。将要赚钱的时候他雇用了小女儿的丈夫萨缪尔·萨克斯，将公司取名为高盛（M Goldman & Sachs）。

马库斯还让儿子亨利也进入了公司。初期的高盛是只有亲族构成的家族企业。

1 马库斯·戈德曼（Marcus Goldman）：1821—1904年。他生于拜仁王国的犹太裔家庭。1848年移居美国，从事投资银行业务，高盛的创立者。

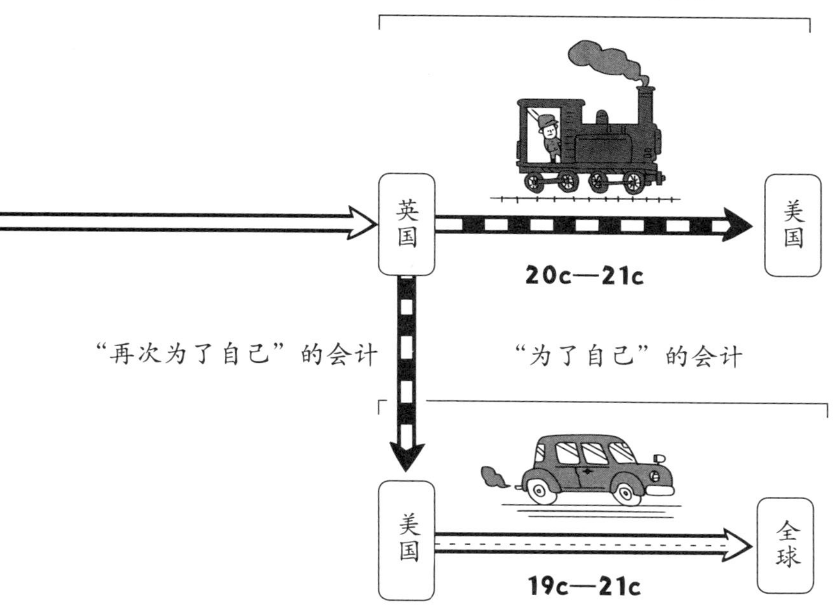

与喜欢踏实做生意的父亲不同，儿子亨利展示出了对于认购铁路公司债券和股票业务的兴趣。与当时时髦的铁路公司有关系，对刚刚成立不久的公司来说是与有荣焉的一件事。但是这一计划被银行干扰而失败，被激怒的他下定决心“如果铁路公司不行的话就只有开拓其他行业”。

亨利一边与同是犹太裔且是雷曼兄弟一员的菲利浦·雷曼每天在同一家饭店吃饭，一边偷偷地推敲赚钱的作战计划。不久后，他们一起成功规划设计了以西尔斯·罗巴克为首的众多股票的公开发行。

高盛在这之后，还推动福特的股份公开发行等大型交易并获得了成功，这使他们在华尔街变得非常有名。

但是因为手笔过大，在1929年的大萧条时他们被称为“诸恶的根源”，1970年因为他们又与美国最大的铁路公司中央铁路的破产相关而受到SEC的指责，有过许多次危机，但他们想尽办法克服了这些得以持续成长。

高盛原本从事帮助票据贴现和CP发行、股票公开发行等工作，也就是“帮助进行资金筹措”，最终他们的工作没有止步于此，转为了“自己做股东”。

也就是说，他们的立场从“资产负债表右方的助手”变为了“资产负债表右下方的所有者”。

虽然意大利的银行通过赚取手续费发了横财，但是高盛不满足于赚取“帮助资金筹措的手续费”，开始以更为积极主动的赚钱方式为目标。

他们主动寻找价值被评估得过低，因为特殊理由而变得价钱比较便宜的公司，考虑在持有该公司股票5~7年之后，通过股份公开发行、出售、合并等方式提高收益。

这叫作本金投资业务。高盛拥有正确评价企业价值的能力，以及提高其价值的技术。

他们于1990年左右开始这项业务，正值日本泡沫经济浮现的时期。在日本人因股票和不动产的升值而狂喜的时候，他们磨炼着预测公司的未来现金流量、使其增长的“金融手段”。

这么说来，那正是迈克尔·杰克逊购买了披头士著作权的1985年之前。或许，是有“金融界”的朋友向迈克尔建议“它值得买”也说不定。

被强调的投资者的观点

从金融规律中突然出现的“企业价值”观念，或许是过去500年间对簿记和财务报表不满的集中爆发。会计，一直“跟在过去的后面”，对此经营者和投资者们一直心有不满。

从这以后，首先踏出一步破壳而出的就是管理会计。与仅仅表示“过去”结果的财务会计的财务报表相对，管理会计通过预算开辟了新的道路。紧接着，金融通过“未来”的现金流量预测的手段，使得企业价值的计算成为可能。

虽然会计擅长小野洋子式的成本计算，却不善于迈克尔式的“回报”预测。不仅对进行了巨额投资的迈克尔·杰克逊来说，对所有的投资者来说，表示“将来回报总计”的企业价值都是非常重要的信息。

只不过，预测“未来的回报”或者使企业价值增长，都要求有相应的技术与经验。高盛等投资银行稳步而顺利地积累着这些技术。

20世纪后半叶，“投资基金”也陆续出现。由于它的出现，向公司出资的股东不再是从前的个人股东，而是越来越有组织的股东。

投资银行、投资基金、保险公司、养老基金……它们是新出现的巨型股东，对于所出资的公司经营逐渐开始“插嘴”。“发声的股东”，或者说是被叫作积极分子的股东对经营者强势地提出要求也并不少见。

再者，不仅“插嘴”，股东还要“伸手迈腿”，对出资对象公司“派遣经营者”。这是一种通过直接的经营支持来使

“未来的现金流量”上涨，提高企业价值的行为。

金融理论不仅对基金，也对公司的经营者展示了“企业价值上升的方法”。

由于企业价值被定义为“未来现金流量总和”，使得具体的企业价值上升的道路变得明了，可以通过金融理论来说明“基于收益性评估业务的挑选”（NPV法则、IRR法则）“用于贴现的资本成本计算”（CAPM、WACC）“分红以及购买自己公司股票的政策”，等等。

概括来说，正是根据这样的理论，通过增加未来现金流量的策略，才使得“这样做就能增加企业价值”的方法变得明朗。

与财务会计融合的“价值”思考

20世纪的美国，发生了各种各样音乐种类的融合，会计界也开始融合。

由金融理论培育出来的“未来现金流量”概念，开始对财务会计方面的财务报表产生影响。

这在已经说明过的在企业并购里收购企业时被计入的“商誉折旧”中可见一斑。

在国际基准IFRS中，作为收购溢价的“商誉”无须折旧，但在收购公司“未来的现金流量”显著下跌时，还是会被要求进行减损处理。也就是说，在“价值”下跌的情况下，下跌的部分要一口气做减损处理，在这样的背景下很显然就需要金融理论。

将与之相同的处理方式运用于资产上的就是减损会计。

减损会计是什么

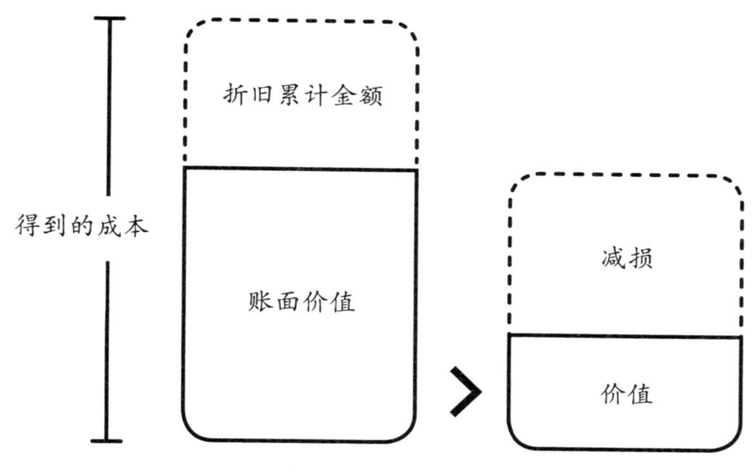

在减损会计出现之前，工厂和出租用大楼等事业资产是通过“从购买成本中减去折旧得到账面价值”的方法来评估的。由于减损会计的引入，其后续进程才能够进行。

假设在其资产的“未来现金流量估价”会显著下跌的情况下，其金额，也就是评估金额下降到与“价值”相当的金额，就必须将评估亏损计入。这一减损，也明显加入了金融的“价值”思想。

顺带一提，东芝以巨资收购的美国威斯汀豪斯公司的“商誉”方面发生了巨额损失，资产负债表呈现为债务超过资产的状态，引发了无法上市的经营危机。

东芝通过出售存储芯片业务度过了这次危机，然而以2兆日元收购了这部分业务的是美国贝恩资本所率领的企业联盟。他们从迈克尔式的观点出发，才会判断“如果是2兆日元的话就买了”。

“数字的强大程度”上了一个台阶

20世纪，由于如彗星一般登场的公司金融，会计界的氛围突然改变了。

那是一个与“会计员”至此所学的东西完全不同的新领域，是从前的会计没有收纳的内容。

要说在此之前的会计部门，尽是做着一些一边遵守法律和规则，一边制作财务报表的“防守”工作，那么金融的价值计算里必不可少的经营规划和企业并购部门，就是“攻击”的部门了。它们决定“卖和买”的交易中不能缺少金融思想。

簿记和财务报表中从未有过的以“未来”为对象的管理会计与金融的出现，使“数字的强大程度”上了一个台阶。

那就是相对于“制作账本”（簿记）还有“看财务报表”（财务会计）而言，“描绘未来”（管理会计与金融）的力量。

意大利和荷兰当年，对生意人来说，理解簿记、“记账”就是数字的力量。

最终，工业革命从英国蔓延到美国，组织如果规模变大，“看财务报表的能力”就逐渐变得非常重要了，于是就变成了将记账的事情交给会计，而商业人士被要求具备看财务报表的能力。

电脑的出现与发展为“记账”向“看数字”转变推波助

澜。现在的财务报表虽然能用便宜且优异的软件来制作，但是“看懂数字”这件事必须由人来做。于是非会计人员的商人就被要求拥有“读懂数字的能力”。

还有，到了一个理所当然的时代，管理会计与金融助长了电脑的存在感。

描绘未来的“利润规划”和“未来现金流量”，这些崭新的知识并非写在白纸上，而存在于Excel表格中。

3种数字的力量

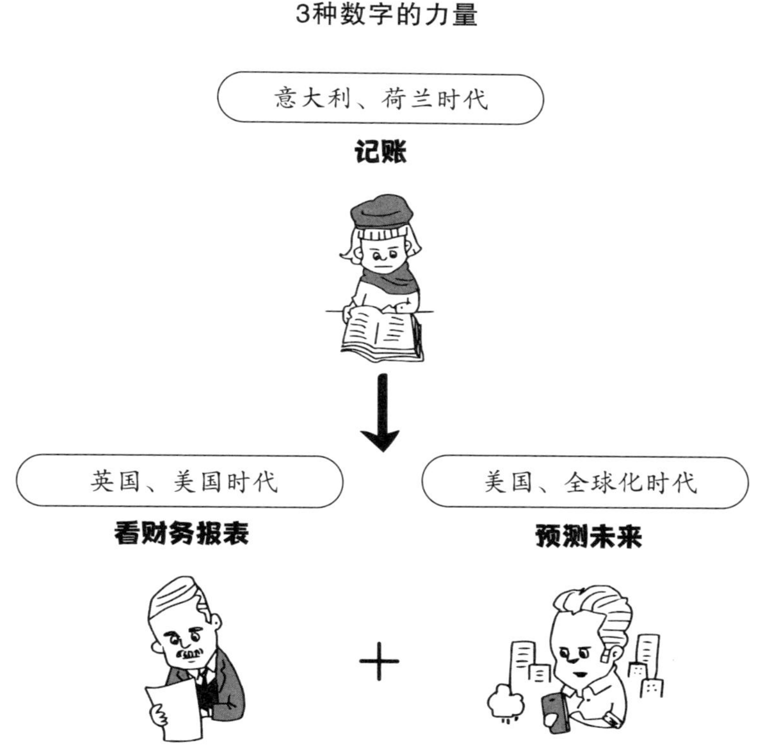

04 追求易变的“价值”，彷徨的我们

披头士第五人——乔治·马丁

“饶了我吧，那是不可能的，因为我们是摇滚乐队，不是吗？”

“只要试试就行了，如果不行的话只要用原来的录音就好了。”

被这样劝说后，保罗·麦卡特尼勉强接受了。

他从乔治·马丁[1]那里接到提议：“要不要试试把弦乐四重奏放进去？”

在如往常一样的阿比路录音室里，虽然他嚷嚷着“让我停下吧”之类的要求，但是音色平淡的小提琴、音色极为悲伤的大提琴所进行的演奏在不到两小时后顺利结束了。

这首曲子是保罗本人也确信会“大获成功”的作品，且具有很高的完成度。

就这样，在保罗的歌声中混合了弦乐四重奏，所完成的就

1 乔治·马丁（George Henry Martin）：1926—2016年。他是被称为“披头士第五人”的音乐制作人，在披头士乐队解散以后也参加了涉及多方面的音乐制作。

是名曲《昨日》。

说服保罗，在《昨日》中加入弦乐四重奏的乔治·马丁还被称为“披头士第五人”，是EMI的制作人。

他发现了别的录音公司不感兴趣的新人四人组，将他们培养成了能向全世界夸耀的乐队。

披头士四人，他们的实力自然不言而喻，还着实度过了“运气非常好”的一生。

首先，他们的父母逃过了利物浦的轰炸，让自己的孩子诞生于这个世上。在遭受了德国纳粹集中轰炸的利物浦，这是非常幸运的事。四人中有三人是爱尔兰裔，他们得以与爱好音乐的家庭成员一起在音乐的熏陶下成长。

接着，英国废除了征兵令，对他们来说，这也是非常幸运的。如果再晚一年废除的话，约翰·列侬就很有可能会服兵役。由于征兵令的废除，四人才能够抱着吉他而不是拿着枪，度过他们的青春时光。

还有，最为幸运的就是与乔治·马丁的相遇。这位有能力且灵活的音乐制作人，从乐队设计到自如应用新技术来录音，使得披头士乐队的才能转化为实际成果。如果没有与乔治相遇，披头士就不会出人头地，我们有可能听不到《昨日》。

从志愿成为会计师到成为不良摇滚人的米克·贾格尔

培育了披头士的乔治·马丁在利物浦轰炸之后进入了海军航空队。他在那里担任过指挥船长和飞行员，这个工作如同制作人。当时，退役后的许多军人都到铁路公司就职。英国也好，美国也罢，军人拥有调动巨型组织的经验，而铁路公司会为他们这些经验买单。

但是乔治并没有去铁路公司，而是找了自己喜欢的跟音乐相关的工作，进入了EMI（Electric and Musical Industries）。

如果说在军队的经验一点用都没有，是不对的。他在军队时期拥有的“调动任性者”的经验在EMI培养遇到的新人披头士时，得到了充分的发挥。乔治一边有耐心地与任性的四人相处，一边培养他们的才能。

如果他是在音乐界积累了经验的人，或许会将“业界的常识”强加于他们身上，抹杀了他们的才能。乔治那不被已有概念囚困的姿态，不仅孕育出了带弦乐的《昨日》，还对披头士乐队风格产生了很大影响。

当时，许多乐队是由一名领唱加上其他数名成员构成的。乔治没有采用这样的形式，他让保罗和约翰两人交替担任领唱，另有两人担任主唱，打造了“充满个性的四人组合”的形象，以此来推销披头士。

还有，让他们出现在媒体上时，为了将乐队形象从“不良组合”变为优等生，他让他们把发型剪成蘑菇头，把服装改为了西装。

讽刺的是，稍晚一些在伦敦出道的滚石乐队，是实际上曾是优等生的成员为了避免与披头士重复，以“不良形象”而被推出的。

原本基思·理查兹是圣歌队的男童音，米克·贾格尔是学习会计和金融、志愿成为会计师的学生。为了市场效果，他们以与披头士完全相反的形象出道。

乔治·马丁一边定下了披头士乐队独特的乐队风格，一边摸索新的音乐创作方法。在他所活跃着的20世纪60年代，音乐界发生了翻天覆地的技术革新。

19世纪的爱迪生开创的录音技术发展到20世纪，出现了圆形“唱片”。让世人进一步看到其录音技术发展程度的，正是乔治·马丁的那个时期。

立体声录音、多磁道、消除杂音的杜比系统……EMI的阿比路录音室不断引进这样含有先进技术的设备。

乔治·马丁一边研究一边使用它们，但他绝不是紧跟新潮流的“新技术爱好者”，而是“旧皮囊里盛新酒”一般在制作着音乐。

他对新技术“熟练操控的能力”，以及与披头士“沟通的能力”，孕育出了许多很棒的歌曲。主角不是新技术，也不是机械设备，而是人。

那是EMI的资产负债表中所没有记载的新时代的资产。对乔治·马丁来说，与披头士乐队一起制作歌曲是非常愉快的工作，从下面一段评论中就可以明白。

> “做唱片之于我来说，就像是用声音来描绘东西……录音的魅力，就在于能够没有界限地灵活驾驭音乐。这也是我与披头士乐队一起工作尤其愉快的主要理由吧。”
>
> ——《创造了披头士音乐的男人》，乔治·马丁著，河出书房新社

为什么保罗的作品《昨日》署名“列侬-麦卡特尼”呢?

乔治·马丁虽然是比起录音室的高级器材更为重要的“人力资产”，但EMI错误地对待了他。在屡次与EMI冲撞后，他离开公司，建立了自己的公司。

评估人的业绩比起评估财产要难得多。要评估某人对组织有多少贡献是非常困难的，直至21世纪也没能完全解决，一直持续困扰着经营者。

到了一个以音乐为代表，无形的信息、服务和专利能赚钱的时代，工业革命以来曾是主角的机械已经不太重要，而人力资产变得越来越重要。因此我们说，人缘关系和团队合作决定企业收益。

但是要保持良好的团队协作非常困难，另外，用数字来评估也不容易。由保罗完成的《昨日》录制之后一段时间并没有火起来，由于这是其他三人没有参加的保罗的“独唱曲”，作为披头士的歌曲来处理的话有些困难。

另外，虽然《昨日》很明显是保罗的歌曲，却以“列侬-麦卡特尼”登记了著作权。一方面约翰和保罗两人共同创作了许多作品，另一方面也各自创作了单独的作品。基于此，要划分“共同作品和单独作品”是极其困难的。正是因为困难，才将所有的曲子都登记为“列侬-麦卡特尼”创作。

两个人之间关系好的话那就没问题了，但是这一著作权归属于Northern Songs，该公司公开发行股份，两人之间的关系再恶化就会引发大问题。

话题再回到披头士歌曲的著作权上，保罗在与小野洋子商谈共同购买著作权问题进展不顺利的时候，为什么没有独自买回来呢？我想从金额上来说，即便是保罗自己一人，也能拿出来。

虽然缺乏依据，但我想，原因可能是那时约翰刚去世，保罗害怕受到“独占”列侬-麦卡特尼著作权的批判。

在意与过世友人之间的关系，这时发生了著作权被迈克尔·杰克逊买走的悲剧。如果是机械，只要进行维护的话就能长久使用，但人际关系就不是这样。团队有可能突然瓦解。将这种情况放到商业上来说的话，在那一瞬间，就失去了“未来现金流量”。

是Taste of Honey，还是Waste of Money

披头士乐队出道时期的20世纪60年代的美国，也是会计史上的转变期。

如果过于重视至此为止的“效率”的话，就会陷入为保持收支平衡而使经济规模缩小的危险之中。因为如果削减成本、压缩资产的话，眼前的ROI立刻就会上升，但是不能指望靠这个实现长期性发展。

注意到这一点的经营者一边借助金融理论的帮助，一边开始重视“价值”，因此受到关注的企业价值就是“未来现金流量的总和”。

如果我们来回顾一下，就会发现在横贯大陆铁路完成、开始批量生产的19世纪后半叶，卡内基和洛克菲勒等人是以“规模”为目标的。接下来，在企业规模扩大，开始多元化的20世纪前半叶，杜邦变为将“效率”作为目标。然后，在披头士乐队登场、信息化时代的20世纪后半叶，“价值”成了经营的关键词。

我们能够感受到在企业价值意向中，通过“从规模到效率”的阶段一度缩小了的经营，又通过“从效率到价值”的转换，回到了扩大和成长的路线上，干劲十足。为此，就必须舍弃重视短期销售额和利润的“旧常识”，努力增加未来的现金流量。少数勇敢的经营者开始应对这一难题了。

经乔治·马丁之手诞生的披头士乐队，发行了他们值得纪念的出道专辑Please Please Me。

其中收录了他们的原创歌曲8首以及翻唱曲目6首。

翻唱曲目中有一首《蜜之味》（Taste of Honey），它让人感到有些“不协调”。从我个人角度看，从前就觉得这首歌怎么听都和别的曲子的氛围不同。

大概Taste of Honey是保罗的父亲吉姆曾经喜欢的曲子。曾是爵士音乐人的吉姆以及那个时代的人喜爱这首曲子，也有这个原因，保罗才会录制和演奏这首歌。

这首歌唱的是留下了女友出战的士兵的心境。它将与难以忘怀的女友的吻比作蜜的味道，唱出了“一定会回到你身边”的深切想念。吉姆与保罗父子，一边想着在遥远的过去勇敢战斗的爱尔兰士兵，一边唱着这首歌。

但是约翰·列侬不喜欢这首歌，他在合唱时很不投入。摇滚人约翰在现场演唱这首老古董歌曲的时候，将歌词换成了Waste of Money（浪费钱），开了个玩笑。

是Taste of Honey（蜜之味），还是Waste of Money（浪费钱）？

即便是同一首歌，人的喜好也有分歧。

即便在企业并购里，在理解未来现金流量时，有些人说是“Taste of Honey”，有些人说是“Waste of Money”。

将来的事情谁也不知道。即便在披头士解散了很久的现在，仍不断徘徊于“Taste of Honey”与“Waste of Money”的夹缝之中。

延伸阅读

1. 为什么约翰和保罗“与女友的合作”非常多？

披头士乐队解散之后，约翰和保罗的作品中有很多作品是“约翰、洋子”“保罗、琳达”的合作，其理由是，与Northern Songs的著作权转让合同被延长到了1973年。如果仅仅以自己的名字来作曲的话其著作权会被公司夺走，所以想要至少留下“一半”，就要加上女友的名字。

2. Northern Songs

创办这个公司，将著作权转让到这里，采用了这个方法的理由大概是想要“合法避税”。当时的英国税率非常高，为应对税率，他们想了一连串的策略，这就是真相。即便如此，这一避税手段还是付出了很高的代价。

3. 未来的现金流量

“未来的”现金流量不过是一种预测或者说是期待。实际上，未来的事情谁都不知道。如果它看起来价值很高，“让人充满期待”，这一点正是经营者展现的手段，为此，总裁的人品和服装、行为等也非常重要。

4. 基于收益性评估业务的挑选

常被使用到的NPV法则是一种将投资案的收益性以“量”来测算的方法，IRR法则是一种以“比例”（%）来测算的方法。它是Excel表格里的函数工具，有兴趣的读者请试着计算一下。

5. 商誉折旧

日本的会计基准虽然追求“按照规则折旧”，但是带有强烈金融色彩的IFRS“在价值下跌的时候会进行减损处理”。有必要注意一下的是，在由收购产生的商誉会带来巨额资产时，使用的会计基准不同，就会使利润发生巨大差异。

6. 债务超过

简单来说，就是在资产负债表中陷入了“资产＜负债”的状态。这是一种“即便将所有资产填充到还款中也无法偿还借款”的状态，这时公司也许就会破产。

7. 人力资产

如果说资产有流动资产和固定资产之分，人力资产要放到哪一边呢？很可惜，放不到任何一边。如此重要的资产无法计入资产负债表，这就是会计的界限。要说为什么没法计入，那是因为人力资产（人）是无法用金额来评估的。我想，如果有流动人员和固定人员的部分，也会非常有趣。

第三部分的结语

终于，最后的第三部分结束了。徜徉在爵士与摇滚中的旅途如何呢?

比英国稍晚一些建造的美国巨型铁路使美国不断发生着巨大的变化。这时开始重视“规模”、批量生产的象征就是“可口可乐”。在便宜、广域销售的美式品牌中，成本计算与管理会计得以发展。

后来，以杜邦的“丝袜”为代表的多元化开启，变为了对追求“效率”的业务部门进行业绩管理。

于是最后登场的就是“唱片”。重要的并非这个圆盘本身，而是作为信息记录下来的音乐。这时到了一个信息会产生“价值”的时代。

从建设铁路开始过了150年，美国的经营朝着追求“规模→效率→价值”的方向演变。

产业结构变了、经营方向变了、音乐变了的美国，道路很长，但不会在此终结。

这条路以后也还要持续下去。

尾声

2017年11月15日。

莱奥纳多·达·芬奇的作品《救世主》以4.5亿美元（约人民币29.5亿元）的价格拍卖。这是绘画拍卖史上最高的中标金额。

这幅画由莱奥纳多·达·芬奇绘于500年前的佛罗伦萨，之后从意大利经由英国、美国，远渡重洋被拍下。

“围绕从意大利到英国、美国的500年之旅。”——这与本书所涉及的“巡游会计历史之旅”的道路完全一样。

中标了《救世主》的是哪里的富豪、美术馆，还是投资银行呢?

后来才弄清楚，这位迷雾重重的中标者，真实身份是沙特阿拉伯的王子。

他是作为阿联酋（UAE）新开设的美术馆“阿布扎比罗浮宫”的中间人中标的这幅画，并决定在这家美术馆公开画作。

佛罗伦萨文艺复兴原本是受到东方文化的强烈影响，才开花结果。憧憬东方的意大利画家的画作从欧洲到美国，绕世界一圈回到了东方。

那么在过去，作为黄金之国的日本国（马可·波罗《东方见闻录》中称日本为日本国），认真学习了簿记和会计，颇有成效地成了世界上为数不多的经济大国，但是最近有些后退。

我们有必要向卢卡·帕乔利气愤地要求“好好结算”的意大利商人学习，更多地享受生意买卖、挑战风险。

做生意的楷模不是美国的效率经营，说不定是绕世界一周的意大利雷兹卡尔，我总是这么觉得。

好了，回到本书中涉及的500年的会计史。

在从意大利到英国、美国，绕了地球一圈的过程中，规则一点一点地逐渐在变化。出现了为了维护从股东和投资者那里得到的资金而建立的政府机构，为了向投资者提供信息而建立的企业信息公开制度，更是出现了帮助经营者做出判断的管理会计和金融知识。

这样看来我们可以知道，这500年的会计的步伐稳固，支撑了资本市场和企业经营。

而现在，在会计规则已经整备，管理会计、金融理论得以发展的时期里，“虽然守规矩但赚不到钱的公司”和“虽然赚了钱但并不快乐的公司”逐渐增加。

要怎么做才能建立一个不仅是赚钱，而且让工作在其中的人们还感到快乐的公司呢？

要使会计成为救世主（Salvator Mundi），就有必要定义和创造新的价值。

本书中，在历经500年环游世界一周的旅程中，各地都有许多的父亲与儿子。

虽然他们净是些贫穷且笨拙的父亲，但是他们为儿子留下了各种各样的财产。

意大利的皮耶罗为儿子准备了能使其才能有所成就的学习

场所。

英国的史蒂文森教会了儿子挑战梦想的幸福感。

美国的乔为儿子夺得了爱尔兰人最初的名誉。

美国的利兰为儿子提供了美好的学习场地。

利物浦的吉姆教会了儿子音乐的乐趣与家庭的温暖。

从父到子。

说到这里，你为这个国家未来的儿子们留下了怎样的“价值”呢?

旅程的最后——后记

非常感谢看到最后的各位读者。

执笔本书，花费了远超预想的漫长时间。

“将会计与历史以满载插曲故事的形式融合，写下有趣的故事”这一想法过于宏大，其艰难程度远远超出了事前的预想。

能想尽办法努力将它完成，多亏了许多帮助我的人。

在收集信息、试讲和校对等方面，我受到了包括海外朋友在内的许多人的照顾。真的非常感谢各位。

这么说虽然可能有些自卖自夸，但富有魅力且很酷的本书，多亏了设计师新井大辅先生将宏大的故事归总成易读的设计，多亏了插画家YAGI WATARU先生用漂亮的插图为本书增加了装饰点缀，多亏了编辑“乔治·马丁”赤木裕介先生一直紧密地伴随我一路走来。我一边为能够一起创作这个作品而感到幸福，一边由衷地想要感谢他们。

读完本书的读者发现了吧，账簿、财务报表、预算、企业评估等历史非常短暂。

我们通过学习历史，能够知道所有的事物“都不是普遍的、绝对的存在”。

正因为如此，我们必须一边踏实地学习旧知识，一边认真地接受新事物。如果本书起到了这个作用，那就没有什么比这个更让我高兴的了。

好，本次涉及的历史与会计两部分中，有个意外的共同点——“由谁来教非常重要”。

从经验上来说，历史也好，会计也好，基本上由“哪个老师来教”决定喜好。历史和会计“向谁学习”极为重要，一下子都涉及的本书，我只希望有读者能有“非常有趣”这样的感受，哪怕一点也好。

这次我下定决心，以“说书人睁眼说瞎话”的精神进行了大胆的表达，要学习正确又专业的知识的读者，请通过其他途径获取。另外，在历史的表达上，或许会有因为得意忘形而出差错的地方。如果有注意到的读者，能够给予指正的话就太好了。如果有感想或是想要联系我的话，请通过下方邮件或者我的网站告知我：

tanaka2018history@yahoo.co.jp

田中靖浩公认会计事务所http://www.yasuhiro-yanaka.com/

那么各位，让我们在别处再会吧！

田中靖浩

参考文献

第1章

『レオナルド・ダ・ヴィンチの生涯』（《莱奥纳多・达・芬奇的一生》）查尔斯・尼可著、越川伦明等译、白水社

『レオナルド・ダ・ヴィンチ』（《莱奥纳多・达・芬奇》）马丁・肯普著、藤原绘里美译、大月书店

『宮廷人レオナルド・ダ・ヴィンチ』（《进入宫廷的莱奥纳多・达・芬奇》）久保寻二著、平凡社

『ルネサンス文明』（《文艺复兴文明》）让・德吕摩著、桐村泰次译、论创社

『イタリア都市社会史入門』（《意大利城市社会史入门》）齐藤宽海等编、昭和堂

『ヴェネツィア』（《威尼斯》）威廉・H. 麦克尼尔著、清水广一郎译、讲谈社学术文库

『ヴェニスの商人』（《威尼斯商人》）莎士比亚著、福田恒存译、新潮文库

『ルネサンスの歴史（上）』（《文艺复兴的历史（上）》）I. 蒙大内利等著、藤泽道郎译、中公文库

『ルネサンスとは何であったのか』（《文艺复兴是什么》）盐野七生著、新潮文库

『海の都の物語（1～6）』（《海之城的故事（1~6）》）盐野七生著、新潮文库

『中世イタリアの都市と商人』（《中世纪意大利的城市与商人》）清水广一郎著、洋泉社

『ルネサンス　料理の饗宴』（《文艺复兴 料理的盛宴》）戴夫・德・维特著、须川绫子等译、原书房

『地中海の覇者ガレー船』（《地中海的霸者桨帆船》）安德烈・基斯贝尔等著、远藤侑香里等译、创元社

『スパイス、爆薬、医薬品』（《香

料、炸药、医药品》）P. 鲁库塔等著、小林力译、中央公论新社

『会計の時代だ』（《会计时代》）友冈赞著、千曲川新书

『近代会計史入門』（《近代会计史入门》）中野常男等著、同文馆出版

『紙　二千年の歴史』（《纸张 两千年的历史》）尼可拉斯·A. 巴斯贝恩斯著、市中芳江等译、原书房

『メディアとしての紙の文化史』（《作为媒介的纸张文化史》）罗塔·缪勒著、三谷武司译、东洋书林

『会計の歴史探訪』（《会计的历史探访》）渡边泉著、同文馆出版

『帳簿の世界史』（《账簿的世界史》）雅各布·索尔著、村井章子译、文艺春秋

『負債論』（《负债论》）大卫·格雷伯著、酒井隆史监译、以文社

第2章

『ルネサンス都市フィレンツェ』（《文艺复兴城市佛罗伦萨》）简·A. 布拉克著、森田义之等译、岩波书店

『ルネッサンス夜話』（《文艺复兴夜话》）高阶秀尔著、平凡社

『中世イタリア商人の世界』（《中世纪意大利商人的世界》）清水广一郎著、平凡社

『大聖堂·製鉄·水車』（《大教堂、制铁、水车》）约瑟夫·基思等著、栗原泉译、讲谈社学术文库

『イタリアの中世都市』（《意大利的中世纪都市》）龟长洋子著、山川出版社

『株式会社』（《股份公司》）约翰·米库尔威等著、铃木泰雄译、Randomhouse讲谈社

『フィレンツェ』（《佛罗伦萨》）池上俊一著、岩波新书

『フィレンツェ』（《佛罗伦萨》）若桑绿著、讲谈社学术文库

『メディチ家』（《美第奇家族》）森田义之著、讲谈社现代新书

『神からの借財人　コジモ·メディチ』（《从神那里借钱的人　科西莫·美第奇》）西藤洋著、法政大学出版社

『メディチ·マネー』（《美第奇·金钱》）蒂姆·巴克斯著、北代美和子译、白水社

『メディチ家の盛衰（上）』（《美第奇家族的兴衰（上）》）克里斯托瓦·希伯特著、远藤利国译、东洋书林

『メディチ宮廷のプロパガンダ美術』（《美第奇宫廷的宣传美术》）松本典昭著、Minerva书房

『カラー版　ヨーロッパ中世ものづくし』（《彩色版 欧洲中世纪制造》）基亚拉·弗鲁戈尼著、高桥友子译、岩波书店

『会計と会計学のレーゾン·デートル』（《会计与会计学存在的理由》）友冈赞著、庆应义塾大学出版会

『歴史から学ぶ会計』（《从历史学会计》）渡边泉著、同文馆出版
『バランスシートで読みとく世界経済史』（《用资产负债表来解读世界经济史》）简・格雷森・怀特著、川添芥子译、日经BP社
『パチョリ簿記論』（《帕乔利簿记论》）本田耕一译、现代书馆

第3章

『数量化革命』（《数量化革命》）阿尔弗雷德・W. 克罗斯比著、小川千重子译、纪伊国屋书店
『ラテン語の世界』（《拉丁语的世界》）小林标著、中公新书
『零の発見』（《零的发现》）吉田洋一著、岩波新书
『魔女狩り』（《女巫审判》）森岛恒雄著、岩波新书
『魔女狩り』（《女巫审判》）让・米歇尔・萨尔曼著、池上俊一监修、富坚璎子译、创元社
『宗教改革とその時代』（《宗教改革与其时代》）小泉彻著、山川出版社
『宗教改革の真実』（《宗教改革的真相》）永田谅一著、讲谈社现代新书
『経済を読み解くための宗教史』（《为了解读经济的宗教史》）宇山卓荣著、角川社
『レンブラント工房』（《伦勃朗工作室》）尾崎彰宏著、讲谈社选书
『レンブラント』（《伦勃朗》）埃伦斯托・凡・德・惠特林克著、玛丽・莫顿译、木乐舍
『レンブラントのコレクション』（《伦勃朗的收藏》）尾崎彰宏著、三元社
『世界のビジネスエリートが身につける教養　「西洋美術史」』（《世界上的商业精英所带有的教养〈西洋美术史〉》）木村泰司著、Diamond社
『物語　オランダの歴史』（《故事 荷兰的历史》）樱田美津夫著、中公新书
『世界システム論講義』（《世界系统论讲义》）北川稔著、千曲川学艺文库
『街道をゆく35オランダ紀行』（《35位荷兰人街道漫步》）司马辽太郎著、朝日文艺文库
『世界史のなかの産業革命』（《世界史中的工业革命》）R. C. 艾伦著、真嶋史叙等译、名古屋大学出版会
『新ヨーロッパ経済史=-資本・市場・石炭-』（《新欧洲经济史：资本、市场、煤炭》）中川洋一郎著、学文社
『「豊かさ」の誕生』（《“丰富”的诞生》）威廉・巴恩斯坦著、德川家广译、日本经济新闻出版社
『東インド会社とアジアの海』（《东印度公司和亚洲的海》）羽田正著、讲谈社
『東インド会社』（《东印度公

司》）浅田实著、讲谈社现代新书
『オランダ東インド会社』（《荷兰东印度公司》）永积昭著、讲谈社学术文库
『栄光らか崩壊へ　オランダ東インド会社盛衰史』（《从荣光走向毁灭 荷兰东印度公司的盛衰史》）科野孝藏著、同文馆出版
『近代ヨーロッパの誕生』（《近代欧洲的诞生》）玉木俊名著、讲谈社选书

第4章

『ロンドン大火』（《伦敦大火》）大桥龙太著、原书房
『動力物語』（《动力的故事》）富塚清著、岩波新书
『図説世界史を変えた５０の戦略』（《图说改变世界史的50个战略》）丹尼尔·史密斯著、小林朋则译、原书房
『スティーブンソンと蒸気機関車』（《史蒂文森与蒸汽机车》）C. C. 多曼著、前田清志译、玉川大学出版部
『鉄道の誕生』（《铁路的诞生》）汤泽威著、创元社
『鉄道と戦争の世界史』（《铁路与战争的世界史》）克里斯蒂安·沃尔玛著、平冈绿译、中央公论新社
『世界鉄道史』（《世界铁路史》）克里斯蒂安·沃尔玛著、安原和见等译、河出书房新社
『鉄道の歴史』（《铁路的历史》）克莉丝汀·沃尔玛著、北川玲译、创元社
『鉄道会計発達史論』（《铁路会计进步史论》）村田直树著、日本经济评论社
『会計の歴史〈改訂版〉』（《会计的历史〈修订版〉》）友冈赞著、税务会计协会
『会計士の誕生』（《会计士的诞生》）友冈赞著、税务会计协会
『ファイナンスの発達史』（《金融的进步史》）J. B. 巴斯金等著、青山英男监译、文真堂
『絵画の「進化論」』（《绘画的“进化论”》）小田茂一著、青弓社
『ターナー』（《透纳》）藤田治彦著、六耀堂
『写真の歴史入門　第１部「誕生」』（《照片的历史入门 第1部“诞生”》）三井圭司著、新潮社
『輸送の安全からみた鉄道史』（《从运输安全看铁路史》）江崎昭著、Grand Prix出版
『近代イギリス会計史研究』（《近代英国会计史研究》）村田直树著、晃洋书房

第5章

『英米鉄道会計史研究』（《英美铁路会计史研究》）中村万次著、同文馆出版
『アメリカ鉄道創世記』（《美国铁路创世记》）加山昭著、山海堂

『アメリカ鉄道業の生成』（《美国铁路业的形成》）小泽治郎著、Minerva书房
『アメリカ鉄道業の展開』（《美国铁路业的发展》）小泽治郎著、Minerva书房
『アメリカの鉄道史』（《美国的铁路史》）近藤喜代太郎著、成山堂书店
『アメリカ会計発達史』（《美国会计进步史》）滨田弘作著、白桃书房
『闘う公認会計士』（《战斗的公认会计士》）千代田邦夫著、中央经济社
『アメリカ経営分析発達史』（《美国经营分析进步史》）国部克彦著、白桃书房
『バブルの物語』（《泡沫经济的故事》）约翰·K. 加尔布雷思著、铃木哲太郎译、Diamond社
『汝の父の罪』（《尔父之罪》）罗纳尔多·克斯勒著、山崎淳译、文艺春秋
『ケネディ家の人びと（上·下）』（《肯尼迪家族的人们（上·下）》）皮特·克里亚等著、铃木主税译、草思社
『ウォールストリートの変革』（《华尔街的变革》）乔尔·塞利格曼著、田中恒夫译、创成社
『ウォールストリートの歴史』（《华尔街的历史》）查尔斯·R. 盖斯特著、中山良雄译、入江吉正编、Forest出版
『世界大恐慌』（《世界大恐慌》）秋元英一著、讲谈社学术文库
『大恐慌のアメリカ』（《大恐慌的美国》）林敏彦著、岩波新书

第6章

『アトラス世界航空戦史』（《阿特拉斯世界航空战争史》）亚历山大·斯旺斯顿等著、石津朋之等监译、原书房
『バトル·オブ·ブリテン』（《不列颠战争》）里查德·豪等著、河合裕译、新潮文库
『英独航空戦』（《英德航空战》）饭山幸伸著、光人社NF文库
『英独軍用機』（《英德军用机》）饭山幸伸著、光人社NF文库
『ベンツと自動車』（《本茨与汽车》）D. 奈著、川上显治郎译、玉川大学出版部
『ベンツの興亡』（《奔驰的兴亡》）山本武信著、东洋经济新报社
『カール·ベンツ』（《卡尔·本茨》）马尔丁·格里瓦尔特等著、Éditions du Signe
『自動車と私カール·ベンツ自伝』（《汽车与我 卡尔·本茨自传》）卡尔·本茨著、藤川芳朗译、草思社文库
『IT全史』（《IT全史》）中野明著、祥传社
『帝國の先手』（《帝国的先锋》）D. R. 海德里克著、日本经济评论社

『戦争と科学者』（《战争与科学家》）托马斯·J.克劳威尔著、藤原多伽夫译、原书房
『戦争的物理学』（《战争的物理学》）巴里·巴克著、藤原多伽夫译、白扬社
『ヴィクトリア朝時代のインターネット』（《维多利亚时代的网络》）汤姆·斯坦迪著、服部桂译、NTT出版
『レーダー歴史』（《雷达历史》）辻俊彦著、艺立出版
『人に話したくなる世界史』（《变得想对人们说说的世界史》）玉木俊明著、文春新书
『逆転の世界史』（《逆转的世界史》）玉木俊明著、日本经济新闻出版社
『IFRSと包括利益の考え方』（《IFRS与包括利益的思考方式》）高田桥范冲著、日本实业出版社

第7章

『正義のリーダーシップ』（《正义的领导力》）本间长世著、NTT出版
『企業発展の史的研究』（《企业发展的历史性研究》）鸟羽钦一郎著、Diamond社
『モルガン家（上·下）』（《摩根家族（上·下）》）罗恩·查瑙著、青木荣一译、日经商务人文库
『ウォール街指令』（《华尔街指令》）大森实著、讲谈社
『大陸横断鉄道』（《横贯大陆铁路》）大森实著、讲谈社
『勇気ある決断』（《有勇气的决断》）菲利克斯·罗哈丁著、渡边寿惠子译、鹿岛出版会
『奴隷と奴隷商人』（《奴隶与奴隶商人》）让·梅埃尔著、猿谷要监修、国领苑子译、创元社
『アメリカ連結会計生成史論』（《美国合并会计形成史论》）小栗崇资著、日本经济评论社
『連結会計の生成と発展』（《合并会计的形成与发展》）山地范明著、中央经济社
『アメリカ鉄道管理会計生成史』（《美国铁路管理会计形成史》）高梠真一著、同文馆出版
『会計士の誕生』（《会计士的诞生》）友冈赞著、税务会计协会
『米国管理会計論発達史』（《美国管理会计论进步史》）广本敏郎著、森山书店
『アメリカ管理会計生成史』（《美国管理会计形成史》）高梠真一著、创成社
『管理会計発展史』（《管理会计发展史》）田中隆雄著、森山书店
『カーネギー自伝』（《卡内基自传》）安德鲁·卡内基著、坂西志保译、中公文库
『U·S·スティール経営史』（《美国钢铁经营史》）黑川博著、Minerva书房
『カリフォルニアの黄金』（《加

利福尼亚的黄金》）越智道雄著、朝日选书
『黄金』（《黄金》）布莱滋·桑德拉尔著、生田耕作译、白水社
『ゴールドラッシュ物語』（《黄金热的故事》）冈本孝司著、文艺社
『アメリカ鉄鋼業発達史序説』（《美国钢铁业进步史概说》）永田启恭著、日本评论社
『ロックフェラー回顧録』（《洛克菲勒回忆录》）戴维·洛克菲勒著、楡井浩一译、新潮社
『石油の世紀（上）』（《石油世纪（上）》）丹尼尔·雅金著、日高义树等译、日本放送出版协会
『石油の歴史』（《石油的历史》）艾蒂安·达尔蒙等著、三浦礼恒译、白水社
『独占者の福音』（《垄断者的福音》）大森实著、讲谈社
『コカ·コーラ帝國の興亡』（《可口可乐帝国的兴亡》）马克·本道格拉斯特著、古贺林幸译、德间书店
『神話のマネジメント』（《神话的经营》）河野昭三等著、Mahoroba书房
『血族たち』（《血族们》）伊丽莎白·C. 坎德拉等著、西村摩耶等译、太阳社
『ライバル企業は潰せ』（《击溃对手企业吧》）大森实著、讲谈社
『アメリカを歌で知る』（《通过歌曲了解美国》）威尔士惠子著、祥传社新书
『魂をゆさぶる歌に出会う』（《与震撼灵魂的歌曲相遇》）威尔士惠子著、岩波新书
『新書で入門　ジャズの歴史』（《通过新书入门 爵士的历史》）相仓久人著、新潮新书
『あなたの聴き方を変えるジャズ史』（《改变你听法的爵士史》）村井康司著、新兴乐谱出版社
『リズム&ブルースの死』（《节奏布鲁斯之死》）尼尔松·乔治著、林田姬路译、早川书房

第8章

『禁酒法』（《禁酒法》）冈本胜著、讲谈社现代新书
『禁酒法のアメリカ』（《禁酒法的美国》）小田基著、PHP研究所
『J·O·マッキンゼーの予算統制論』（《J. O. 麦肯锡的预算统一论》）北村浩一著、中央经济社
『エジソン』（《爱迪生》）埃尔·鲍德温著、椿正晴译、三田出版会
『エジソン』（《爱迪生》）琴·阿德尔著、近藤隆文译、大月书店
『GEの組織革新』（《GE的组织革新》）坂本和一著、法律文化社
『戦争コングロマリット』（《联合大企业战争》）大森实著、讲谈社
『資本利益率のアメリカ経営史』（《资本利润率的美国经营史》）高浦忠彦著、中央经济史

『デュポン経営史』（《杜邦经营史》）小泽胜之著、日本评论社
『管理会計の知見』（《管理会计的见解》）田中隆雄著、森山书店
『組織の会計論』（《组织的会计论》）吉村文雄著、森山书店
『レレバンス・ロスト』（《实务适用性的丧失》）H. T. 约翰逊等著、乌居宏史译、白桃书房
『サッチモ』（*Satchmo*）路易斯·阿姆斯特朗著、铃木道子译、音乐之友社
『はばたけ、ルイ』（《展翅高飞的路易斯》）穆尔·哈里斯·威尔史汀著、若林千鹤译、REABLE
『ルイ・アームストロング』（《路易斯·阿姆斯特朗》）川又英一著、Media Factory
『アメリカ音楽史』（《美国音乐史》）大和田俊之著、讲谈社选书MECHIE
『エルヴィス・プレスリー』（《埃尔维斯·普雷斯利》）东理夫著、文春新社
『エルヴィス、最後のアメリカン・ヒーロー』（《埃尔维斯：最后的美国英雄》）前田绚子著、角川选书
『エルヴィスの真実』（《埃尔维斯的真相》）乔·莫斯凯奥著、中嶋典子译、Forest Books

第9章

『ポール・マッカートニー/メニー・イヤーズ・フロム・ナウ』（《保罗·麦卡特尼/Many Years from Now》）巴尼·迈尔斯著、竹林正子译、松村雄策监修、Rockin On
『ザ・ビートルズ史（上）』（《披头士史（上）》）马克·路易逊著、山川真理等译、河出书房新书
『ポール・マッカートニー告白』（《保罗·麦卡特尼的告白》）保罗·德·诺伊亚著、奥田祐士译、DU BOOKS
『ポール・マッカートニー　ザ・ライフ』（《保罗·麦卡特尼的一生》）菲利普·诺曼著、石川宪一等译、KADOKAWA
『ポール・マッカートニーと「イエスタディ」の真実』（《保罗·麦卡特尼与〈Yesterday〉的真相》）雷·科尔曼著、中川圣译、新兴音乐
『ノーザン・ソングス』（《Northern Songs》）布莱昂·桑索尔等著、上西园诚译、新兴乐谱出版社
『ビートルズはどこから来たのか』（《披头士从何而来》）和久井光司著、DU BOOKS
『ビートルズ都市論』（《披头士城市论》）福屋利信著、幻冬舍新书
『ザ・ビートルズ　源流と進化』（《披头士　源头与进化》）大人的摇滚！编、日经BP Mook
『ゴールドマン・サックス（上・下）』（《戈德曼·萨克斯

（上・下）》）查尔斯・艾丽斯著、齐藤圣美译、日本经济新闻出版社

『ゴールドマン・サックス』（《戈德曼・萨克斯》）丽萨・安德里克著、齐藤圣美译、早川书房

『キース・リチャーズ自伝〈ライフ〉』（《基思・理查兹自传〈人生〉》）基思・理查兹著、棚桥志行译、枫书店

『ビートルズの真実』（《披头士的真相》）里中哲彦等著、中公文库

『ビートルズ・サウンドを創った男』（《披头士・创造了声音的男人》）乔治・马丁著、吉成伸幸等译、河出书房新社

马上扫二维码，关注**“熊猫君”**

和千万读者一起成长吧！